Les gens de Dublin

Écrit par James Joyce

Traduit par Lindsay Delobel

Table des matières

LES SŒURS

Il n'y avait désormais plus d'espoir pour lui : c'était sa troisième attaque. Chaque soir, je passais devant la maison (c'était au temps des vacances) et j'observai le carré éclairé de la fenêtre ; et chaque soir, je le trouvais éclairé de la même manière, faiblement et uniformément. S'il était mort, pensais-je, je verrais le reflet des cierges sur les stores assombris, car je savais que l'on doit poser deux cierges à la tête d'un mort. Il me disait souvent : « Je ne resterai pas longtemps en ce monde», et j'avais trouvé ses mots stupides. Maintenant, je sais qu'ils étaient vrais. Chaque soir, en levant les yeux sur la fenêtre, je me répétais doucement à moi-même le mot « paralysie ». Ce mot a toujours sonné étrange à mes oreilles, comme le mot « gnomon » dans l'œuvre d'Euclide et le mot « Simonie » dans le catéchisme. Mais aujourd'hui, il sonnait comme le nom d'une entité maléfique et diabolique. Ce mot me remplissait de crainte, et pourtant je désirais me rapprocher du mort et contempler l'œuvre de la paralysie.

Le vieux Cotter était assis près du feu, en train de fumer, lorsque je suis descendu pour le dîner. Tandis que ma tante me servait ma bouillie d'avoine, il dit, comme s'il revenait sur une remarque qu'il avait déjà faite auparavant :

- Non, je ne dirais pas qu'il était exactement... mais il y avait quelque chose d'étrange... d'un peu troublant en lui. Je vais vous dire ce que j'en pense...

Il commença à tirer sur sa pipe, sans doute en organisant son opinion dans son esprit. Pauvre vieux fou ennuyeux ! Quand nous l'avons rencontré, dans les premiers temps, il était plutôt intéressant, parlant d'alambic et de fûts ; mais je me suis vite lassé de lui et de ses interminables histoires sur la distillerie.

- J'ai ma propre théorie à ce sujet, ajouta-t-il. Je pense que c'était l'un de ces... cas particuliers... Mais c'est difficile à dire...

Il recommença à tirer sur sa pipe sans nous exposer sa théorie. Mon oncle vit que je le fixais et me dit :

- Eh bien, ton vieil ami est parti, tu seras désolé d'apprendre, dit-il.

- Qui ? demandai-je.

- Le Père Flynn.

- Est-il mort ?

- M. Cotter ici vient de nous l'annoncer. Il passait devant la maison.

Je compris que l'on m'observait, alors j'ai continué à manger comme si la nouvelle ne m'intéressait pas. Mon oncle expliqua au vieux Cotter :

- Le jeune et lui étaient de grands amis. Le vieillard lui a enseigné beaucoup de choses, tu sais ; et on dit qu'il avait beaucoup d'affection pour lui.

- Que Dieu ait pitié de son âme, dit pieusement ma tante.

Le vieux Cotter me regarda un moment. Je sentais que ses petits yeux noirs en boule me scrutaient, mais je ne voulus pas le contenter et ne détachai point les yeux de mon assiette. Il retourna à sa pipe et finit par cracher grossièrement dans le foyer.

- Je n'aimerais pas que mes enfants aient trop à voir avec un homme comme ça, dit-il.

- Que voulez-vous dire, M. Cotter ? demanda ma tante.

- Ce que je veux dire, dit le vieux Cotter, c'est que c'est mauvais pour les enfants. Mon idée est la suivante : laissez un jeune garçon courir et jouer avec des garçons de son âge et ne pas... Ai-je raison, Jack ?

- C'est aussi mon avis, dit mon oncle. Laissez l'enfant apprendre à se débrouiller seul. C'est ce que je ne cesse de répéter à ces rose-croix-là : faites de l'exercice. Quand j'étais gamin, chaque matin, je prenais un bain froid, hiver comme été. Et c'est ce qui me réussit aujourd'hui. L'éducation, c'est très bien, mais... M. Cotter prendra bien de ce gigot d'agneau, ajouta-t-il à ma tante.

- Non, non, pas pour moi, dit le vieux Cotter.

Ma tante apporta le plat du garde-manger et le mit sur la table.

- Mais pourquoi pensez-vous que ce n'est pas bon pour les enfants, M. Cotter ? demanda-t-elle.

- C'est mauvais pour les enfants, dit le vieux Cotter, parce qu'ils sont si impressionnables. Quand les enfants voient des choses comme ça, vous savez, ça a un effet...

J'ai rempli ma bouche de bouillie de peur de laisser échapper ma colère. Quel insupportable imbécile, ce vieux au nez rouge !

Il était tard lorsque je me suis endormi. Bien que je fusse en colère contre le vieux Cotter qui me traitait comme un enfant, j'ai cherché à trouver une signification à ses phrases inachevées. Dans l'obscurité de ma chambre, il me semblait revoir le visage gris et lourd du paralytique. J'ai tiré les couvertures par-dessus ma tête et j'ai essayé de penser à Noël. Mais le visage gris continuait de me poursuivre. Il murmurait ; et j'ai compris qu'il désirait confesser quelque chose. J'ai senti mon âme se retirer dans un lieu de plaisir et de débauche ; et là encore je l'ai trouvé qui m'attendait. Il a commencé à se confesser à moi à voix basse et je me suis demandé pourquoi il souriait sans cesse et pourquoi ses lèvres étaient si humectées de salive. Mais alors je me suis rappelé qu'il était mort de paralysie et j'ai senti que moi aussi je souriais légèrement comme pour absoudre le simoniaque de son péché.

Le lendemain matin, après le petit déjeuner, je suis descendu pour regarder la petite maison de Great Britain Street[1]. C'était une boutique modeste, à l'enseigne vague de Nouveautés. Les nouveautés consistaient principalement en chaussons pour enfants et de parapluies ; en temps normal, une affiche était accrochée à la devanture, disant : *On recouvre les parapluies*. Aucune affiche n'était visible à présent car les rideaux étaient tirés. Un bouquet de deuil était attaché au marteau de la porte avec un ruban.

Deux pauvres femmes et un petit télégraphiste lisaient la pancarte fixée au crêpe. Je m'approchai aussi et lus :

1er juillet 1895

Le R.P. James Flynn (anciennement de l'église Sainte-Catherine, Meath Street), âgé de soixante-cinq ans.

Repose en paix.

La lecture de la pancarte m'a convaincu qu'il était mort et j'ai été troublé par cette évidence. S'il était encore vivant, je serais entré dans la petite pièce sombre de l'arrière-boutique et je l'aurais trouvé assis dans son fauteuil près du feu, presque étouffé sous son grand manteau. Peut-être que ma tante lui aurait donné un paquet de tabac à priser, et ce cadeau l'aurait sorti de sa somnolence. C'était toujours moi qui vidais le paquet dans sa tabatière noire car ses mains tremblaient trop pour lui permettre de le faire sans renverser la moitié du tabac sur le sol. Même en levant sa grande main fébrile vers son nez, de petits nuages de fumée glissaient entre ses doigts sur le devant de son manteau. Peut-être étaient-ce ces continuelles ondées de tabac qui donnaient à ses anciens vêtements sacerdotaux leur aspect « vert fané », car le mouchoir rouge, toujours noirci par les prises d'une semaine, avec lequel il essayait de balayer les grains tombés, était tout à fait inefficace.

Je voulais entrer et le voir mais je n'ai pas eu pas le courage de frapper. Je suis parti d'un pas lent le long de la rue ensoleillée, lisant toutes les affiches de théâtre dans les vitrines des magasins au fur et à mesure que j'avançais. J'ai trouvé étrange que ni moi ni la journée n'ayons pris des allures de deuil et même je me suis senti triste de découvrir en moi une sensation d'indépendance, comme si j'avais été libéré de quelque chose par sa mort. Je me suis demandé pourquoi, car comme mon oncle l'avait dit la veille au soir, il m'avait beaucoup appris. Il avait étudié au collège irlandais de Rome et il m'avait appris à prononcer le latin correctement. Il m'avait raconté des histoires sur les catacombes et Napoléon Bonaparte, et il m'avait expliqué la signification des différentes cérémonies de la messe et des différents vêtements sacerdotaux. Parfois, il s'amusait à me poser des questions difficiles, me demandant ce que telle ou telle personne devait faire dans certaines circonstances ou si tel ou tel péché était mortel, véniel ou simplement une imperfection. Ses questions me montraient à quel point certaines institutions de l'Église étaient complexes et mystérieuses, alors que je les avais toujours considérées comme les actes les plus simples. Les devoirs d'un prêtre envers l'Eucharistie et envers le secret du confessionnal me semblaient si graves que je me demandais comment il avait pu se trouver des êtres assez courageux pour en assumer la charge ; et je n'ai pas été surpris quand il m'a raconté que les Pères de l'Église avaient écrit des volumes aussi épais que l'annuaire téléphonique et aussi densément imprimés que les notices légales dans les journaux, élucidant toutes ces questions complexes. Souvent, lorsque j'y pensais, je ne pouvais pas répondre ou seulement avec une réponse très sotte et hésitante devant laquelle il avait l'habitude de sourire et de hocher la tête deux ou trois fois. Parfois, il me faisait réciter les réponses de la messe qu'il m'avait fait apprendre par cœur ; et, pendant que je récitais, il souriait pensivement et hochait la tête, tout en enfonçant de temps en temps de larges prises, alternativement, dans chaque narine. Quand il souriait, il avait l'habitude de découvrir ses longues dents jaunies et de laisser sa langue reposer sur sa lèvre inférieure, une habitude qui me mettait mal à l'aise au début de notre relation avant de bien le connaître.

Alors que je marchais au soleil, je me suis souvenu des paroles du vieux Cotter et j'ai essayé de me rappeler ce qui s'était passé ensuite dans le rêve. Je me souvenais avoir vu de longs rideaux de velours et une lampe de vieux style qui, suspendue, oscillait. J'avais l'impression d'avoir été très loin, dans une contrée où les coutumes étaient étranges... en Perse, pensais-je... Mais je ne pouvais me remémorer la fin du rêve.

Dans l'après-midi, ma tante m'a emmené à la maison mortuaire. C'était après le coucher du soleil ; mais les vitres des maisons qui donnaient à l'ouest reflétaient l'or fauve d'une grande bande de nuages. Nannie nous accueillit dans le hall ; et, comme s'il avait été incorrect de lui parler fort, ma tante n'échangea avec elle qu'une poigne de main. La vieille femme désigna le haut d'un air interrogateur et, sur l'acquiescement de ma tante, commença à monter péniblement l'escalier étroit qui se trouvait devant nous, sa tête inclinée atteignant à peine la hauteur de la rampe. Au premier palier, elle s'arrêta et, d'un geste d'encouragement, nous poussa vers la porte ouverte de la chambre mortuaire. Ma tante entra et la vieille femme, voyant que j'hésitais à entrer, me fit, à plusieurs reprises, signe de la main.

Je suis entré sur la pointe des pieds. La lumière, à travers la dentelle du store, envahissait la pièce d'un or sombre qui pâlissait et amenuisait la flamme des cierges. Il avait été mis en bière. Nannie donna le signal et nous nous sommes agenouillé tous les trois au pied du lit. J'ai fait semblant de prier mais je n'ai pas pu rassembler mes pensées parce que les murmures de la vieille femme me distrayaient. J'ai remarqué la piteuse façon dont sa jupe était attachée dans le dos et l'usure de côté aux talons de ses chaussons de drap. Il m'est venue à l'idée que le vieux prêtre devait sourire dans la bière où il reposait.

Mais non. Quand nous nous sommes levés et que nous sommes allés à la tête du lit, j'ai vu qu'il ne souriait pas. Il était couché là, solennel et imposant, vêtu des habits du sacrifice et ses grandes mains retenaient mollement un calice. Son visage était très sévère, gris et massif, avec de grandes narines obscures comme des cavernes et encerclé d'une maigre fourrure blanche. Une odeur pesait dans la pièce, - les fleurs.

Nous nous sommes signés[2] et sommes partis. Dans la petite pièce en bas de l'escalier, nous avons trouvé Eliza dignement assise dans son fauteuil. J'ai tracé mon chemin vers ma chaise habituelle dans le coin tandis que Nannie sortait du buffet une carafe de sherry et quelques verres. Elle les posa sur la table et nous invita à nous rafraîchir. Sur l'ordre de sa sœur, elle versa du sherry dans les verres et nous les passa. Elle m'a pressé de prendre aussi des biscuits secs mais j'ai refusé car je pensais que je ferais trop de bruit en les mangeant. Elle semblait un peu déçue de mon refus et s'est dirigée silencieusement vers le canapé derrière sa sœur. Personne ne parlait : nous contemplions tous la cheminée sans feu.

Ma tante laissa passer un soupir d'Eliza, puis dit alors :

- Eh bien, il est parti vers un monde meilleur.

Eliza soupira de nouveau et baissa la tête en signe d'assentiment. Ma tante tapota le pied de son verre avant d'en prendre une petite gorgée.

- Est-il... sans souffrance ?" demanda-t-elle.

- Oh, tout à fait sans souffrance, madame, répondit Eliza. Vous n'auriez pas su dire à quel moment il a rendu son dernier souffle. Dieu soit loué, il a eu une belle mort !

- Et tout... ?

- Le père O'Rourke a eu un entretien avec lui mardi et lui a donné l'extrême-onction, il l'a préparé. Tout a été fait.

- Il le savait alors ?

- Il était tout à fait résigné.

- Il a une expression résignée, dit ma tante.

- C'est ce qu'a dit la femme que nous avions engagée pour lui faire sa toilette. Elle disait qu'il avait juste l'air endormi, il avait l'air si paisible et résigné. Personne ne penserait qu'il ferait un si beau mort."

- Oui, en effet, dit ma tante.

Elle prit encore un peu de sherry et dit :

- Eh bien, Mademoiselle Flynn, en tout cas, cela doit être un grand réconfort pour vous de savoir que vous avez fait tout ce que vous pouviez pour lui. Vous avez été toutes les deux très gentils avec lui, je dois dire.

Eliza se caressa les genoux :

- Ah, pauvre James ! dit-elle. Dieu sait que nous avons fait tout ce que nous pouvions, aussi pauvres que nous sommes - nous ne voulions pas qu'il manque de quelque chose durant sa vie.

Nannie avait posé sa tête contre l'oreiller du sofa et comme si elle était sur le point de s'endormir.

- La pauvre Nannie, dit Eliza, en la regardant, elle est épuisée. Tout le travail que nous avons eu, elle et moi, à faire venir l'ensevelisseuse, pour sortir le cercueil, pour organiser la messe à la chapelle. Sans le père O'Rourke, je ne sais pas ce que nous aurions pu faire. C'est lui qui nous a apporté toutes ces fleurs et les deux chandeliers de la chapelle et qui a rédigé la notice pour le Général Freeman et s'est occupé de tous les papiers pour le cimetière et de l'assurance de pauvre James."

- N'était-ce pas gentil de sa part ? dit ma tante.

Eliza ferma les yeux et secoua lentement la tête :

- Ah, il n'y a pas d'amis comme les vieux amis, dit-elle, j'entends : pas d'amis en qui on peut avoir confiance.

- C'est bien vrai, dit ma tante. Je suis sûre maintenant qu'il est parti vers sa récompense divine, il ne vous oubliera pas, ni toute votre gentillesse envers lui.

- Ah pauvre James ! dit Eliza. Il ne nous gênait pas. On ne l'entendait pas plus dans la maison qu'à présent. Pourtant, je sais qu'il est parti vers tout cet...

- C'est quand tout est fini qu'il vous manquera, dit ma tante.

- Je le sais. Je ne lui apporterai plus sa tasse de bouillon, ni vous, madame, ne lui enverrez plus son tabac à priser. Ah, pauvre James !

Elle s'arrêta, comme si elle communiait avec le passé, puis dit avec perspicacité :

- Notez bien, j'ai remarqué qu'il y avait quelque chose d'étrange qui se passait en lui ces derniers temps. Chaque fois que je lui apportais sa soupe, je le trouvais avec son bréviaire tombé à terre, allongé dans le fauteuil la bouche ouverte. »

Elle posa un doigt contre son nez et fronça les sourcils puis elle continua :

- Mais malgré tout, il n'arrêtait pas de dire qu'avant l'automne, il ferait une promenade un beau jour juste pour revoir la vieille maison où nous sommes tous nés, en bas d'Irishtown, et nous emmènerait Nannie et moi. Si seulement nous pouvions trouver à louer bon marché, à la journée, chez Johnny Rush, à côté d'ici, une de ces nouvelles voitures silencieuses dont le père O'Rourke lui avait parlé, de ces voitures à roues pour rhumatisants, alors nous pourrions nous y rendre tous les trois un dimanche après-midi. C'était son idée fixe... Pauvre James !

- Que le Seigneur ait pitié de son âme ! dit ma tante.

Eliza sortit son mouchoir, s'essuya les yeux, puis elle le remit dans sa poche et contempla la grille sans feu pendant un certain temps, en silence.

- Il était toujours trop scrupuleux, dit-elle. Les devoirs sacerdotaux étaient trop lourds pour lui et puis sa vie était, on pourrait dire, traversée.

- Oui, dit ma tante. C'était un homme déçu. On pouvait le voir.

Un silence s'empara de la petite pièce et, sous son couvert, je m'approchai de la table et goûtai le sherry, puis retournai tranquillement à ma chaise dans le coin.

Eliza semblait être tombée dans une profonde rêverie. Par respect, nous attendions qu'elle rompe le silence ; et après une longue pause, elle dit lentement :

- C'était ce calice qu'il a cassé... C'était le début de tout. Bien sûr, on disait que c'était sans importance, j'entends que le calice ne contenait rien. Mais tout de même... On prétendait que c'était la faute du garçon. Le pauvre James était tellement nerveux, puisse Dieu lui être miséricordieux !

- Et était-cela qui..., interrogea ma tante. J'ai entendu dire quelque chose...

Eliza hocha la tête.

- Cela a affecté son esprit. Après ça, il a commencé à se morfondre, ne parlant à personne et errant seul. Alors, une nuit, on avait besoin de lui pour faire une visite et on ne pouvait le trouver nulle part. On a cherché partout, de la cave au grenier, mais en vain. Alors le clerc a suggéré d'aller voir dans la chapelle. Alors on a pris les clés et ouvert la chapelle et le clerc ainsi que le père O'Rourke et un autre prêtre qui était là ont apporté une lumière pour le chercher... Devinez où on le trouva ! Assis tout seul dans le noir dans son confessionnal, bien éveillé, semblant rire à lui-même.

Elle s'arrêta soudainement comme pour écouter. J'écoutai aussi, mais il n'y avait aucun bruit dans la maison et je savais que le vieux prêtre était toujours couché immobile dans son cercueil tel que nous l'avions vu, solennel et sévère dans la mort, un calice vide sur sa poitrine.

Eliza reprit :

- Bien éveillé, semblant rire doucement à lui-même... Alors, quand ils ont vu cela, ils ont pensé que quelque chose clochait... »

UNE RENCONTRE

Ce fut Joe Dillon qui nous fit découvrir le Wild West. Il avait une petite bibliothèque composée de vieux numéros de *The Union Jack*, *Pluck* et *The Half Penny Marvel*. Chaque soir, après l'école, nous nous retrouvions dans son jardin et organisions des batailles de Peaux Rouges. Lui et son jeune frère, Léo le paresseux potelé, défendaient le grenier et l'écurie, que nous essayions de prendre d'assaut ; ou bien, on livrait une bataille rangée, sur l'herbe. Mais malgré tous nos efforts, nous ne l'emportions ni dans nos assauts, ni en terrain découvert, et toutes nos luttes se terminaient par une danse triomphale de Joe Dillon. Chaque matin, ses parents allaient à la messe de huit heures à Gardiner Street et l'atmosphère paisible qui émanait de Mme Dillon régnait dans le hall de la maison. Mais Joe combattait trop violemment, pour nous qui étions plus jeunes et plus timides. Il ressemblait ç une sorte de Peau Rouge lorsqu'il gambadait dans le jardin, un vieux couvre-théière sur la tête, tapant de son poing sur une boîte en fer-blanc et hurlant :

« Ya ! Yaka, yaka, yaka. »

Tout le monde se montra incrédule lorsqu'on raconta qu'il avait pour vocation de devenir prêtre. Néanmoins, c'était vrai.

Un esprit d'indiscipline s'était propagé parmi nous et sous cette influence, les différences de culture et de tempérament disparaissaient. Nous nous sommes regroupés, certains courageusement, d'autres en plaisantant et certains presque avec peur ; je faisais partie des Peaux Rouges forcés qui redoutaient de paraître studieux ou qu'on accusait de manquer de virilité. Les aventures racontées dans la littérature du Wild West étaient loin de ma nature, mais au moins, elles m'ouvraient des portes d'évasion. Je préférais certaines histoires de détectives américaines où passaient de temps à autre de belles filles cruelles et échevelées. Bien qu'il n'y ait rien de mal dans ces histoires et que leur intention soit parfois littéraire, elles ne circulaient à l'école qu'en secret. Un jour, alors que le père Butler écoutait nos quatre pages d'histoire romaine, ce maladroit de Léo Dillon fut découvert avec un des numéros de The Half Penny Marvel.

- Cette page-ci ou celle-là ? Celle-ci ? Voyons, Dillon, à vous : A peine le jour... continuez... quel jour ? A peine le jour était-il paru... savez-vous votre leçon ? Mais qu'avez-vous là dans votre poche ?

Tous, le cœur battant, nous regardions Dillon sortir le journal et chacun prenait un air innocent. Le père Butler feuilleta le journal, fronçant les sourcils.

- Qu'est-ce que c'est que cette absurdité ? dit-il. Le Chef des Wokotas ! C'est cela que vous lisez au lieu d'apprendre votre histoire romaine ? Que je ne retrouve jamais de ces choses misérables dans cette école. L'homme qui a écrit cela, était j'imagine un pauvre type qui écrit ces choses pour un verre. Je suis surpris que des garçons aussi bien élevés que vous lisent de telles choses. Je pourrais le comprendre à la rigueur si vous étiez des garçons de l'école nationale. Maintenant, Dillon, je vous conseille fortement de vous mettre au travail ou sinon...

Cette remontrance, survenue en pleine classe, fit pâlir à mes yeux la gloire du Wild West et le visage confus et bouffi de Léo Dillon éveilla l'une de mes consciences. Mais loin de l'influence restrictive de l'école, j'ai recommencé à désirer ardemment des sensations intenses, j'aspirais à l'affranchissement, que seules semblaient m'offrir ces histoires de révolte, et les jeux guerriers du soir devinrent aussi monotones que la routine de l'école du matin, je désirais que de réelles aventures m'arrivent. Mais les vraies aventures, me disais-je, n'arrivent pas à ceux qui restent à la maison ; il faut les chercher au-dehors.

Les vacances d'été approchaient lorsque je me résolus à m'échapper, ne fût-ce que pour un jour, de cette monotonie de de la vie d'école. Avec Léo et un garçon nommé Mahony, nous projetâmes une journée d'école buissonnière. Chacun de nous dut économiser douze sous. Nous devions nous retrouver à dix heures du matin, sur le pont du canal. La sœur de Mahony écrirait une excuse pour lui, et Léo Dillon dirait à son frère d'annoncer qu'il était malade. Nous avions prévu de longer la rue des Quais jusqu'aux bateaux, puis de traverser avec le bac, et de nous promener jusqu'au Pigeonnier. Léo Dillon avait peur d'y rencontrer le père Butler ou quelqu'un du collège ; mais Mahony demanda, avec beaucoup de raison, ce que le père Butler pourrait bien faire au Pigeonnier. Nous étions rassurés et je menais à bien la première partie du complot, en rassemblant les douze sous de chacun des deux, leur montrant en même temps les miens. Nous étions tous vaguement émus le soir des préparatifs. Nous nous sommes serré la main en riant, et Mahony dit :

- A demain matin les copains !

Cette nuit-là je dormis mal. Le matin, j'arrivai au pont en premier, car j'habitais le plus près. Je cachai mes livres dans les hautes herbes, près du trou aux cendres, au bout du jardin, là où jamais personne ne venait, et je me dépêchai de courir le long de la berge du canal. C'était un matin ensoleillé et doux, dans la première semaine de juin. Je m'assis sur le parapet du pont, admirant mes fragiles souliers de toile que j'avais soigneusement blanchis la veille avec de la terre de pipe, et regardant les chevaux dociles qui tiraient, au bout de la colline, un tramway bondé d'ouvriers. Toutes les branches des grands arbres qui bordaient le mail s'égayaient de petites feuilles d'un vert clair, et les rayons du soleil passaient au travers pour tomber dans l'eau. La pierre de granit du pont commençait à être chaude, et je me mis à la tapoter en mesure suivant un air que j'avais en tête. Je me sentais très heureux.

J'étais assis depuis cinq à dix minutes lorsque je vis s'approcher le costume gris de Mahony. Il remontait la colline, souriant, et grimpa pour s'asseoir à côté de moi sur le pont. Pendant que nous attendions, il sortit une fronde qui pointait de sa poche intérieure, et se mit à m'expliquer certaines améliorations qu'il y avait apportées. Je lui demandai pourquoi il l'avait apportée, et il me répondit qu'il l'avait prise pour s'amuser un peu avec les oiseaux. Mahony ne se privait pas d'utiliser beaucoup d'argot librement, et il traitait le père Butler de vieux brûleur. Nous attendîmes encore un quart d'heure, mais il n'y avait toujours aucun signe de Léo Dillon. A la fin, Mahony sauta par terre et dit :

- Allez viens, je savais bien que le gros aurait la frousse.

- Et ses douze sous ?... Dis-je.

- C'est confisqué, dit Mahony. Et tant mieux pour nous. Trente-six
ronds au lieu de vingt-quatre.

Nous marchâmes sur la route de la rive nord jusqu'aux usines de vitriol,
et tournâmes ensuite à droite, pour longer la route des quais. Dès que nous
étions hors de la vue du public, Mahony se mit à jouer à l'Indien. Il poursuivit
un groupe de filles déguenillées, en brandissant sa fronde non chargée, et
lorsque deux loqueteux, par chevalerie, se mirent à nous lancer des pierres,
il me proposa de nous ruer sur eux. Je répondis que ces garçons étaient
trop petits, alors nous continuâmes notre route, tout le groupe déguenillé
hurlant derrière nous : « Protestants ! Protestants ! » pensant que nous
étions protestants parce que Mahony très brun de peau, avait sur sa casquette
un insigne en argent d'un club de cricket. Quand nous sommes arrivés au
Fer à repasser, nous organisâmes un jeu de siège, mais ce fut un échec, car il
faut être au moins trois pour y jouer. Nous nous vengeâmes de Léo Dillon en
disant à quel point il était peureux et en essayant de deviner ce qu'il aurait de
M. Ryan à trois heures.

Nous arrivâmes ensuite à la rivière. Nous restâmes longtemps à nous
promener dans les rues bruyantes, bordée de hauts murs de pierre, observant
le travail des grues et des machines, souvent rudoyés, parce que nous n'étions
pas garés, par les conducteurs de camions gémissants. Il était midi lorsque
nous atteignîmes les quais, et comme tous les ouvriers étaient en train de
déjeuner, nous achetâmes deux gros pains aux raisins et nous assîmes pour les
manger sur un tuyau en fonte, près de la rivière. Nous étions enthousiasmés
par le spectacle du commerce de Dublin : des chalands qui se signalaient
de très loin par les volutes de leur fumée floconneuse, des bateaux de pêche
bruns jusque par-delà Ringsend, et du grand vaisseau blanc à voiles qui était
déchargé sur le quai opposé. Mahony disait que ce serait vraiment amusant
de se sauver en mer sur l'un de ces grands navires, et moi-même, en regardant
leurs mâts si hauts, je voyais, je m'imaginais voir cette géographie qui m'avait
été pauvrement enseignée à l'école, qui tout à coup prenait forme sous mes
yeux. L'école et la maison s'éloignaient, et leur influence sur nous semblait
diminuer.

Nous traversâmes le Liffey par le bac, et, payant notre péage, fûmes
transportés en compagnie de deux ouvriers et d'un petit juif avec un sac. Nous

étions sérieux jusqu'à la solennité, mais une fois, pendant le court voyage, nos regards se croisèrent et nous nous mîmes à rire. En arrivant, nous allâmes voir décharger le gracieux trois-mâts que nous avions remarqué de l'autre quai. Un passant déclara que c'était un bateau norvégien. J'allai jusqu'à la poupe pour essayer de déchiffrer son nom, mais sans succès ; et je revins inspecter les marins étrangers pour voir si l'un d'eux aurait, par hasard, des yeux verts, car j'avais comme une vague notion... mais les yeux des marins étaient bleus, gris, ou même noirs. Le seul de ces marins dont on aurait pu dire que les yeux étaient verts étaient un homme grand qui amusait la foule sur le quai, en criant joyeusement chaque fois que les planches tombaient : « Ça va ! Ça va ! ».

Lorsque nous fûmes fatigués de cette vue, nous errâmes lentement dans Ringsend. La journée était devenue étouffante, et, dans les vitrines des épiceries, des biscuits moisis s'étalaient, tout blancs. Nous en achetâmes quelques-uns avec du chocolat, et nous les mangeâmes consciencieusement en déambulant dans les rues crasseuses où vivent les familles des pêcheurs. Nous ne pûmes trouver aucune crémerie, alors à la place nous entrâmes dans une boutique misérable et nous achetâmes chacun une bouteille de limonade à la framboise. Rafraîchi, Mahony poursuivit un chat qui filait dans une ruelle, mais il réussit à s'échapper dans un grand champ. Nous étions tous deux assez fatigués et quand nous eûmes enfin atteint le champ, nous nous dirigeâmes immédiatement vers un talus en pente, par-dessus la crête duquel nous pouvions apercevoir la Dodder. Il était trop tard et nous étions trop fatigués pour mettre à exécution notre projet de visiter le Pigeonnier. Nous devions être à la maison avant quatre heures, de peur que notre aventure ne soit découverte. Mahony regardait sa catapulte avec regret, et ce n'est qu'en suggérant de rentrer à la maison en train que je fis revenir sa gaieté. Le soleil se cacha derrières quelques nuage, nous laissant à nos pensées alourdies et les miettes de nos provisions.

Il n'y avait personne d'autre que nous dans le champ. Nous étions étendus depuis quelques temps sur le talus, sans parler, quand je vis un homme qui s'approchait, à l'autre bout du champ. Je le regardai paresseusement, tout en mâchonnant une de ces tiges vertes avec lesquelles les disent la bonne aventure. Il venait lentement le long du talus. Il marchait avec une main sur la hanche et dans l'autre une canne avec laquelle il tapait légèrement l'herbe.

Il était pauvrement vêtu d'un costume noir verdâtre et était coiffé de ce que nous appelions un chapeau Jules, avec une calotte haute. Il semblait être assez vieux, car sa moustache était d'un gris de cendre. En passant à nos pieds, il jeta un coup d'œil rapide sur nous, puis continua sa route. Nous le suivîmes des yeux et vîmes qu'après avoir fait environ une cinquantaine de pas, il tourna sur lui-même et commença à revenir sur ses pas. Il marchait vers nous, très lentement, tapant toujours le sol de sa canne, si lentement que je croyais qu'il cherchait quelque chose dans l'herbe.

Il s'arrêta devant nous, et nous souhaita le bonjour. Nous le lui rendîmes, et il s'assit à côté de nous sur la pente, et avec grand soin. Il commença à parler du temps, disant que l'été serait très chaud, ajoutant que les saisons avaient beaucoup changé depuis l'époque où il était enfant, il y avait bien longtemps de cela. Il dit que la période la plus agréable de la vie était certainement celle de l'école, et qu'il donnerait n'importe quoi pour être jeune à nouveau. Alors qu'il exprimait ses sentiments, qui nous ennuyaient un peu, nous restâmes silencieux. C'est alors qu'il se mit à parler du collège et des livres. Il nous demanda si nous avions lu des poèmes de Thomas Moore ou les œuvres de Sir Walter Scott et de Lord Lyton. Je prétendis avoir lu chacun de ceux qu'il mentionnait, si bien qu'à la fin il dit :

- Ah ! Je vois que vous êtes un rat de bibliothèque comme moi. Lui, ajouta-t-il en désignant Mahony qui nous regardait avec de grands yeux, c'est autre chose, il préfère les jeux.

Il nous dit qu'il avait tous les ouvrages de Sir Walter Scott et de Lord Lytton chez lui, et qu'il ne se lassait jamais de les relire.

- Naturellement, ajouta-t-il, il y a certaines œuvres de Lord Lytton que les petits garçons ne doivent pas lire.

Mahony lui demanda pourquoi, cette question m'agita et me peina, parce ce que je craignis que cet homme ne me pensât aussi stupide que Mahony. L'homme, cependant, se contenta de sourire. Je vis qu'il avait de grands trous dans la bouche entre ses dents jaunes. Puis, il nous demanda lequel d'entre nous deux avait le plus de bonnes amies. Mahony, négligemment, mentionna qu'il avait trois petites amies. L'homme me demanda combien j'en avais. Je répondis je n'en avais pas. Il dit qu'il ne me croyait pas, et que j'en avais certainement une. Je me tus.

- Dis-nous, dit Mahony avec impertinence, combien en avez-vous vous-même ?

L'homme sourit comme la première fois, et dit que quand il avait notre âge, il avait beaucoup de petites amies.

- Tout garçon a sa bonne amie, ajouta-t-il.

Sa manière d'envisager la question me frappa comme particulièrement large pour un homme de son âge. Au fond de moi, je pensai que ce qu'il racontait à propos des jeunes garçons et leurs amies étaient très raisonnable. Mais les mots qui sortaient de sa bouche me déplaisaient, et je fus étonné de le voir frissonner une ou deux fois comme s'il craignait quelque chose, ou qu'il sentît un froid soudain. Comme il continuait à parler, je remarquai son bon accent. Il commença à nous parler des filles, disant combien leurs cheveux étaient jolis et doux, combien leurs mains étaient douces, ajoutant qu'elles n'étaient pas aussi sages qu'elles en avaient l'air, mais encore fallait-il le savoir. Il n'y avait rien qu'il aimât tant, disait-il, que de regarder une jolie jeune fille, ses jolies mains blanches et ses beaux cheveux doux. Il me donna l'impression de réciter une leçon qu'il aurait apprise par cœur, ou plutôt il semblait que les mots qu'il prononçait exerçaient sur lui comme une passe magnétique, il laissât ses pensées tourner lentement de manière circulaire. A certains moments, il donnait l'impression de faire des allusions toutes simples à un fait que chacun connaissait, et à d'autres moments, il baissait la voix et parlait mystérieusement comme s'il nous eût raconté quelque chose de secret, que personne d'autre ne devait entendre. Il répétait ses phrases encore et encore, les variant et les enveloppant de sa vois monotone. Je continuais à fixer le bas du talus, tout en l'écoutant parler.

Après un long moment, il cessa son monologue. Il se leva lentement, disant qu'il devait nous quitter pour une minute ou deux, quelques minutes à peine, et, sans changer la direction de mon regard, je le vis s'éloigner lentement vers l'extrémité du champ. Nous restâmes silencieux après son départ. Après quelques minutes de silence, j'entendis Mahony s'exclamer :

- Non mais, regarde ce qu'il fait !

Comme je ne répondais ni ne relevais les yeux, Mahony s'exclama à nouveau :

- Ecoute, c'est vraiment un drôle de type !

- Au cas où il nous demanderait nos prénoms, dis-je, tu seras Murphy et moi je serai Smith.

Nous ne sommes rien dit de plus. J'étais toujours en train de me demander si j'allais partir ou rester, quand l'homme revint et s'assit de nouveau près de nous. A peine était-il assis que Mahony, apercevant le chat qui lui avait échappé, bondit et s'élançait à sa poursuite dans le champ. L'homme et moi regardâmes la chasse. Le chat lui échappant une nouvelle fois, Mahony commença à jeter des pierres sur le mur où il s'était réfugié. Puis arrêtant ce jeu, il se mit à vagabonder sans but à l'autre bout du champ.

Après un moment de silence, l'homme parla. Il me dit que mon ami était un garçon très mal élevé et demanda si on lui donnait souvent des coups de fouet à l'école. Dans mon indignation, j'avais bien envie de répondre que nous n'étions pas des garçons qui fréquentaient l'école nationale et qui recevaient des coups de fouet, comme il disait, mais je me tus. Il commença alors à parler du châtiment des garçons. Son esprit, comme magnétisé de nouveau par son discours, semblait graviter lentement vers ce nouveau centre. Il dit que quand les garçons étaient de cette manière, on devait les fouetter vigoureusement. Quand un garçon était mal élevé et indiscipliné, rien ne pouvait lui faire plus de bien qu'une bonne correction. Une tape sur la main, ou les oreilles tirées ne servaient à rien : ce qu'il fallait, c'était une bonne correction. Je fus surpris de cette opinion et, involontairement, je levai les yeux vers lui, et au même moment, mes yeux rencontrèrent le regard perçant de deux yeux vert bouteille qui me fixaient, derrière un front à tics. Je détournai à nouveau le regard.

L'homme continuait son monologue. Il semblait avoir oublié son récent libéralisme. Il disait que, si jamais il trouvait un garçon parlant à une fille ou s'il avait une bonne amie, il le fouetterait encore et encore, et que cela lui apprendrait à ne pas parler aux filles. Et si un garçon avait une fille comme bonne amie et s'en cachait à l'aide de mensonges, alors il lui donnerait une telle correction comme aucun garçon eut reçue au monde. Il ajouta qu'il n'y avait rien de tel qu'il aimerait autant en ce monde. Et il me décrivit comment il s'y prendrait pour donner le fouet à ce garçon comme s'il découvrait un grand mystère. Il aimerait ça, disait-il, mieux que tout au monde, et sa voix, pendant qu'il me guidait avec monotonie à travers le mystère, devenait presque affectueuse, comme s'il eût voulu plaider sa cause afin que je pusse le comprendre.

J'attendis jusqu'à ce que son monologue prît une pause à nouveau. Alors, brusquement, je me levai. Craignant de trahir mon agitation intérieure, je restai encore un instant, faisant semblant de refaire mes lacets ; puis disant que j'étais obligé de partir, je lui dis au revoir. Je montai le talus calmement, mais mon cœur battait violemment et je craignais qu'il ne me saisît par les chevilles. Quand j'eus atteint le sommet de la pente, je me retournai, et sans le regarder, j'appelai très fort à travers le champ : « Murphy ! »

Ma voix avait un accent de bravoure forcée, et j'avais honte de ce mesquin stratagème. Il me fallut appeler une nouvelle fois avant que Mahony ne me vît et ne me répondît par un « Ohé ». Qu'est-ce-que mon cœur battait pendant qu'il traversait le champ en courant pour me rejoindre ! Il courait comme s'il venait à mon secours. Et j'étais plein de repentir, car au fond de mon cœur, je l'avais toujours un peu méprisé.

ARABIE

La rue North Richmond, finissant en impasse, était une rue tranquille, sauf à l'heure où les garçons sortaient de l'école chrétienne des frères. Une maison à deux étages, inhabitée, s'élevait au bout de l'impasse, séparée de ses voisines par un tertre carré. Les autres maisons de la rue, conscientes des vies décentes qu'elles abritaient, se regardaient l'une l'autre avec des visages bruns imperturbables.

L'ancien locataire de la maison que nous habitons, un prêtre, était décédé dans le salon du fond. Un air de moisi flottait dans toutes les pièces fermées depuis longtemps, et la chambre de débarras, derrière la cuisine, était jonchée de vieilles paperasses inutiles. Dans cette paperasse, je découvris quelques livres brochés aux pages humides et repliées : *L'Abbé* de Walter Scott, *Le Dévot Communiant* et les *Mémoires* de Vidocq. Ce dernier était mon préféré parce que ses feuilles étaient jaunies. Le jardin à l'abandon derrière la maison abritait un pommier au milieu et quelques buissons épars ; et sous l'un d'eux, je découvris la pompe à bicyclette, toute rouillé, de l'ancien locataire. C'était un prêtre très charitable ; dans son testament, il avait légué tout son argent aux bonnes œuvres et son mobilier à sa sœur.

Avec les jours courts de l'hiver, le crépuscule tombait avant même que nous ayons fini de dîner, et quand nous nous retrouvions dans la rue, les maisons étaient déjà toutes très sombres. Le coin de ciel au-dessus de nous était d'une couleur violette changeante, et vers lui les réverbères de la rue levaient leurs faibles lanternes. L'air froid nous piquait et nous jouions jusqu'à ce que nos corps soient échauffés. Nos cris résonnaient dans la rue silencieuse. Le cours de nos jeux nous menait à travers les ruelles boueuses et sombres, jusque derrière les maisons, où nous portions des défis aux tribus qui peuplait les masures ; jusqu'aux portes des jardins sombres et mouillés, d'où montaient les odeurs des trous d'ordures ; jusqu'aux écuries sombres et odorantes, où le cocher étrillait et lustrait le cheval, ou faisait sonner les harnais aux boucles métalliques. Et quand nous revenions vers la rue, la lumière, à travers les fenêtres des cuisines, débordait sur les petites cours. Si nous voyions mon oncle en train de tourner dans le coin, nous nos cachions dans l'ombre jusqu'à ce que nous l'ayons vu rentrer chez lui sans dommage ; ou si la sœur de

Mangan sortait sur le pas de la porte et appelait son frère pour le souper, nous la surveillions de notre coin obscur, tandis qu'elle inspectait la rue en tous sens. Nous attendions de voir si elle resterait ou s'en irait ; et si elle s'obstinait, nous quittions notre sombre cachette et marchions, résignés, vers la porte de Mangan. Elle nous attendait, sa silhouette dessinée par la lumière de la porte entrouverte. Son frère la taquinait toujours avant de lui obéir, et je restais près de la grille à la regarder. Sa robe se balançait aux mouvements de son corps, et la douce tresse de ses cheveux battait d'un côté à l'autre.

Chaque matin, je m'asseyais par terre dans le salon de devant, pour surveiller sa porte. Le store était baissé jusqu'à deux centimètres du châssis, de sorte à ne pas être vu. Lorsqu'elle apparaissait sur le seuil, mon cœur bondissait. Je me précipitais vers le hall, attrapais mes livres et la suivais. Je gardais toujours sa silhouette brune dans mon champ de vision et, lorsqu'elle arrivait au point où nos chemins divergeaient, j'accélérais le pas afin de la dépasser. Cela se produisait matin après-midi. Je ne lui avais jamais parlé, sauf quelques mots occasionnellement, pourtant, à son nom, mon sang ne faisait qu'un tour.

Son image m'accompagnait partout, même dans les endroits les moins romantiques. Les samedis soir, lorsque ma tante allait au marché, je devais l'accompagner afin de porter les paquets. Nous traversions les rues éclairées, bousculés par des hommes ivres et des femmes qui palabraient, au milieu des jurons des ouvriers, des cris aigus des garçons boutiquiers qui montaient la garde près des barils de têtes de porcs, et des chants nasillards des chanteurs de rue, qui chantaient une chanson populaire sur O'Donovan Rossa ou une balade sur les troubles de notre pays natal. Ces bruits convergeaient pour moi en une seule sensation, une sensation de vie ; je m'imaginais porter mon calice en toute sécurité au milieu d'une foule d'ennemis. Son nom montait à mes lèvres par moments en prières étranges, et en louanges que moi-même je ne comprenais pas. Mes yeux s'emplissaient souvent de larmes (je ne saurais dire pourquoi), et d'autres fois il y avait comme un flot qui partait de mon cœur pour aller se répandre dans mon sein. Je pensais peu à l'avenir. Je ne savais pas si je lui parlerais un jour ou non, ou si je lui parlais, comment je pourrais lui exprimer ma confuse adoration. Mais mon corps était comme une harpe ; ses mots et ses gestes, comme les doigts qui couraient sur les cordes.

Un soir, j'entrai dans le salon du fond, où le prêtre était mort. C'était un soir sombre et pluvieux, et il n'y avait aucun bruit dans la maison. Par une des vitres cassées, j'entendais la pluie heurter la terre de ses petites aiguilles d'eau incessantes qui jouaient sur les plates-bandes trempées. Au loin, une lampe, ou une fenêtre éclairée brillait en dessous de moi. J'étais reconnaissant de voir si peu. Tous mes sens semblaient vouloir se voiler, et au bord de l'évanouissement, je pressai les paumes de mes mains jusqu'à ce qu'elles tremblent, en murmurant : « Ô amour ! ô amour ! » à plusieurs reprises.

Enfin, un jour elle m'adressa la parole. Aux premiers mots qu'elle m'adressa, je me sentis si troublé que je ne sus que répondre. Elle me demanda :

- Allez-vous à l'Arabie ?

Je ne me souviens plus si je répondis oui ou non.

- Ce doit être une foire de charité splendide, dit-elle, et j'aimerais tant y aller.

- Et pourquoi ne pourriez-vous pas y aller ? demandai-je.

Pendant qu'elle parlait, elle faisait tourner sans cesse un bracelet en argent autour de son poignet. Elle ne pouvait pas, dit-elle, parce que pendant cette semaine, il y aurait une retraite spirituelle à son couvent. Son frère et deux autres garçons se disputaient leurs casquettes à ce moment, et j'étais seul près de la grille. Elle s'appuyait sur l'un des barreaux et penchait la tête vers moi. La lumière face à notre porte éclairait la courbe blanche de son cou, illuminait ses cheveux, illuminait la main sur la grille, et tombait sur un côté de sa robe, éclairant l'ourlet blanc d'un jupon, juste visible, car elle se tenait à l'aise.

- Tu as de la chance, dit-elle.
- Si j'y vais, répondis-je, je vous rapporterai quelque chose.

Quelles innombrables folies consumèrent les pensées de mes jours et de mes nuits à dater de ce soir-là ! J'aurais voulu annihiler l'intervalle monotone. Je me rebellais contre le travail scolaire. La nuit dans ma chambre et le jour en classe, son image se dressait entre moi et la page que je m'efforçais de lire. Les syllabes du mot *Arabie* m'arrivaient à travers le silence dans lequel mon âme baignait luxueusement et jetaient comme un enchantement oriental autour de moi. Je demandai la permission d'aller à la foire la samedi soir. Ma tante en fut surprise, et espérait que ce n'était pas pour quelconque réunion de francs-maçons. Je répondais peu en classe. Je regardais le visage du professeur passer de l'amabilité à la sévérité ; il espérait que je n'allais pas devenir paresseux. Il m'était impossible de rassembler mes pensées vagabondes. Je n'avais presque plus de patience pour le travail sérieux de la vie, qui, maintenant qu'il se mettait en travers de mes désirs, ne me paraissait plus qu'un jeu d'enfant laid et fastidieux.

Le samedi matin, je rappelai à mon oncle que je voulais aller à la foire le soir. Il s'agitait auprès du portemanteau, cherchant la brosse à chapeau, et répondit sèchement :

- Oui, mon garçon, je le sais.

Comme il était dans le hall, je ne pus aller regarder par la fenêtre du salon. Je sentis une mauvaise humeur régner dans la maison, et je marchai lentement vers l'école. L'air était impitoyablement cru, et déjà mon cœur faiblissait.

Quand je rentrai à la maison pour le dîner, mon oncle n'était pas encore rentré. Mais il était encore tôt. Je m'assis et fixai quelque temps la pendule ; puis, son tic-tac finissant par m'irriter, je quittai la pièce. Je remontai l'escalier et gagnai la partie supérieure de la maison. Les pièces du haut, froides, vides et lugubres libérèrent mon âme, et je passais de chambre en chambre en chantant. Depuis la fenêtre donnant sur la rue, je vis mes compagnons qui jouaient. Leurs cris me parvenaient, affaiblis, indistincts, et, appuyant mon front contre la vitre froide, je regardais en face la sombre maison où elle habitait. Je restai là peut-être une heure entière, ne voyant rien d'autre que la silhouette vêtue de marron créée par mon imagination, discrètement touchée par la lumière tamisée au niveau de la courbe de la nuque, la main sur les barreaux et l'ourlet de la robe.

Quand je descendis de nouveau, je trouvai Mme Mercer assise devant le feu. C'était une vieille femme bavarde, veuve d'un prêteur sur gages, qui collectionnait des timbres usagés pour quelque œuvre pieuse. Il me fallut endurer les commérages autour de la table à thé. Le repas se prolongea pendant plus d'une heure et mon oncle n'arrivait toujours pas. Mme Mercer se leva pour partir : elle était fâchée, mais ne pouvait pas attendre plus longtemps, car il était huit heures passées et elle n'aimait pas rester dehors trop tard, l'air de la nuit étant mauvais pour elle. Quand elle fut partie, je commençai à arpenter la pièce de long en large, en serrant les poings. Ma tante dit :

- Je crains qu'il ne te faille renoncer à cette foire, en cette nuit de Notre-Seigneur.

A neuf heures, j'entendis le bruit de la clé de mon oncle dans la serrure de la porte d'entrée. Il parlait tout seul, et j'entendis le portemanteau basculer sous le poids de son pardessus. Je pouvais interpréter ces signes. Quand il fut au milieu de son repas, je lui demandai de me donner de l'argent pour aller à l'Exposition, il avait oublié.

- Les gens sont au lit et leur premier sommeil est passé, dit-il.

Je ne souriais pas. Ma tante lui dit avec énergie :

- Ne pouvez-vous pas lui donner de l'argent et le laisser partir ? Vous l'avez retenu assez longtemps.

Mon oncle répondit qu'il était très fâché d'avoir oublié. Il dit qu'il croyait au vieux dicton : « Rien que du travail et point de plaisir fait de Jack un ennuyeux garçon. » Il me demanda où je comptais aller, et quand je l'eus dit pour la deuxième fois, il me demanda si je connaissais l'*Adieu de l'Arabe à son coursier*. Quand je sortis de la cuisine, il commençait à en réciter les premières lignes à ma tante.

Je tenais un florin serré dans ma main, comme je déambulais le long de la rue Buckingham en direction de la gare. La vue des rues bondées d'acheteurs et brillantes de lumières me rappela le but de mon voyage. Je pris place dans le wagon de troisième classe d'un train vide. Après un retard intolérable, le train démarra lentement. Il avança parmi des maisons en ruine et par-dessus la rivière scintillante. A la gare de Westland Row, une foule de gens se pressa aux portes des compartiments ; mais les porteurs les repoussèrent, disant que ce train-là était un train spécial pour la foire. Je restai seul dans le wagon vide. Quelques minutes plus tard, le train s'arrêta devant une plateforme en bois improvisée. En arrivant dans la rue, je vis au cadran lumineux d'une horloge qu'il était dix heures moins dix ; et devant moi il y avait un grand bâtiment sur lequel étaient affichées les lettres magiques.

Je ne trouvai aucune entrée à six pence et, craignant que la foire ne fermât, je passai rapidement par un tourniquet et tendis un shilling à un homme au visage fatigué. Je me trouvai dans un grand hall, ceinturée à la moitié de sa hauteur par une galerie. Presque toutes les boutiques étaient fermées et la grande partie du hall était dans l'obscurité. Je reconnu un silence semblable à celui qui règne dans une église après les offices. Je marchai timidement jusqu'au milieu du bâtiment. Quelques personnes étaient rassemblées autour des boutiques qui étaient encore ouvertes. Devant un rideau, au-dessus duquel les mots Café Chantant étaient écrits en lampes de couleur, deux hommes comptaient de l'argent sur un plateau. J'écoutai le tintement de la monnaie qui tombait.

Me rappelant avec difficultés pourquoi j'étais venu, je m'approchai d'une des boutiques, et j'examinai des vases en porcelaine et des services à thé fleuris. A la porte de la boutique, une jeune fille causait et riait avec deux jeunes hommes. Je remarquai leur accent anglais et j'écoutai vaguement leur conversation :

- Oh ! Je n'ai jamais dit une chose pareille !
- Oh ! Mais si vous l'avez dit !
- Oh ! Mais pas du tout !
- N'a-t-elle pas dit cela ?
- Oui, je l'ai entendue.
- Oh, quel blagueur !

Me remarquant, la jeune fille vint vers moi et me demanda si je souhaitais acheter quelque chose. Le ton de sa voix n'était pas encourageant ; elle semblait m'avoir parlé que par sens du devoir. Je regardai humblement les grandes jarres qui, comme des sentinelles orientales, se dressaient de chaque côté de l'entrée sombre de la boutique et murmurai :

- Non, merci.

La jeune fille changea la position de l'un des vases et se retourna vers les deux jeunes hommes. Ils commencèrent à reparler du même sujet. Une fois ou deux, la jeune fille me jeta un coup d'œil par-dessus son épaule.

Je m'attardai devant sa boutique, tout en sachant que cela était inutile, afin de faire croire que j'avais un réel intérêt pour les objets. Puis, je m'en allai lentement et marchai jusqu'au milieu du bâtiment. Je faisais sonner les deux pence avec les six shillings dans ma poche. J'entendis une voix crier de l'autre côté de la galerie que la lumière était éteinte. La partie supérieure du hall était maintenant complètement noire.

En levant la tête pour regarder dans l'obscurité, je me vis comme une créature que la vanité chassait et tournait en dérision ; et mes yeux brûlaient d'angoisse et de rage.

ÉVELINE

Elle était assise à la fenêtre et regardait le soir qui envahissait l'avenue. Sa tête était appuyée contre les rideaux de la fenêtre et dans ses narines flottait l'odeur de la cretonne poussiéreuse. Elle était lasse.

Peu de gens passaient. L'habitant de la dernière maison passa sur le chemin du retour ; elle entendit ses pas résonner le long des lourds pavés et plus loin, écrasaient les cendres du sentier, devant les nouvelles maisons rouges. Il y avait autrefois là un champ, dans lequel, chaque soir, elle jouait avec d'autres enfants. Puis un homme de Belfast avait acheté le champ et y a construit des maisons, non pas de petites maisons brunes comme les leurs, mais des maisons en briques, avec des toits brillants. Les enfants de l'avenue avaient l'habitude de jouer ensemble dans ce champ. Les Devine, les Waters, les Dinns, le petit Keogh l'infirme, elle, et ses frères et sœurs. Ernest, cependant, ne jouait jamais : il était trop grand. Son père les poursuivait souvent et les chassait du champ avec sa canne en épine noire ; mais d'habitude, le petit Keogh montait la garde et criait quand il voyait le père arriver. Pourtant, il lui semblait qu'ils étaient assez heureux à cette époque. Son père n'était pas encore aussi méchant ; et de plus, sa mère était encore vivante. C'était il y a longtemps. Elle, ses frères et ses sœurs, étaient tous des adultes à présent, et sa mère était décédée. Tizzie Dun était morte aussi, et les Waters étaient repartis pour l'Angleterre. Tout change, et maintenant, elle allait partir comme les autres, quitter sa maison.

Sa maison ! Elle fit le tour de la pièce, passant en revue les objets familiers qu'elle avait dépoussiérés chaque semaine pendant tant d'années, se demandant toujours d'où pouvait bien venir toute cette poussière. Peut-être ne reverrait-elle jamais ces objets familiers dont elle n'avait jamais rêvé qu'elle pût être séparée. Et pourtant, tout au long de ces années, elle n'avait jamais découvert le nom du prêtre dont la photographie jaunie pendait au-dessus de l'harmonium cassé, à côté de la gravure coloriée qui représentait les promesses faites à la bienheureuse Marguerite-Marie Alacoque. C'était un camarade d'école de son père. Chaque fois que son père montrait la photographie à un visiteur, il avait l'habitude d'ajouter négligemment :

- Il est à Melbourne en ce moment.

Elle avait consenti à partir, à quitter son foyer. Était-ce sage ? Elle essaya de peser le pour et le contre. Ici, tout au moins, elle avait un abri et de la nourriture ; et ceux qu'elle avait vus autour d'elle toute sa vie. Bien sûr, à la maison, le travail était dur, et non moins comme vendeuse. Que dirait-on, au magasin, quand on découvrirait qu'elle s'était sauvée avec un homme ? Qu'elle fût sotte, peut-être ; une annonce dans le journal suffirait pour qu'elle soit remplacée. Mlle Gavan en serait heureuse. Elle l'avait toujours surveillée de près, surtout lorsqu'il y avait des gens à côté pour l'écouter.

- Mademoiselle Hill, ne voyez-vous pas que ces dames attendent ?
- L'air aimable, je vous prie, Mademoiselle Hill ?

Elle ne verserait pas beaucoup de larmes en quittant le magasin.

Mais dans sa nouvelle maison, dans un pays lointain et inconnu, ce ne serait pas la même chose. Alors, elle serait aimée, elle, Eveline, et les gens la traiteraient avec respect. Pas comme sa mère avait été traitée. Même maintenant, bien qu'elle eût plus de dix-neuf ans, elle se sentait parfois en danger face à la violence de son père. Elle savait que c'était cela qui lui avait donné des palpitations. Durant leur enfance, il ne l'avait jamais malmenée comme il avait l'habitude de le faire avec Harry et Ernest, parce qu'elle était une fille ; mais dernièrement, il avait commencé à la menacer et à dire ce qu'il lui ferait si ce n'était pas pour le bien de sa défunte mère. Et maintenant elle n'avait personne pour la protéger. Ernest était mort et Harry, qui travaillait à la décoration des églises, était presque toujours quelque part à la campagne. De plus, les invariables querelles d'argent du samedi soir commençaient à la fatiguer de manière indicible. Elle donnait toujours la totalité de son salaire, sept shillings, et Harry envoyait toujours ce qu'il pouvait, mais le problème était d'obtenir de l'argent de son père. Il prétendait qu'elle gaspillait cet argent, qu'elle n'avait pas de tête, qu'il n'allait pas lui donner l'argent qu'il avait si durement gagné pour le gaspiller dans les rues, et bien d'autres choses encore, car d'habitude il était très mauvais le samedi soir. A la fin, il lui donnait l'argent et demandait si elle avait l'intention d'acheter le dîner du dimanche. Alors elle devait se précipiter dehors et faire ses courses comme elle pouvait ; elle tenait serrée dans sa main son porte-monnaie en cuir noir, et se frayait des coudes un chemin à travers la foule. Puis elle rentrait tard chez elle, courbée à cause du poids de ses provisions. C'était un travail dur que de tenir la maison en ordre, de veiller à ce que les deux jeunes enfants qui étaient sous sa responsabilité aient leurs repas régulièrement et aillent à l'école. C'était un travail difficile, une vie difficile, mais maintenant qu'elle était sur le point de la quitter, elle ne la trouvait pas entièrement indésirable.

Elle s'apprêtait à explorer une autre vie avec Frank. Frank était très gentil, brave et généreux. Elle devait partir avec lui, sur le bateau du soir, pour être sa femme et vivre avec lui à Buenos Aires, où une maison les attendait. Comme elle se souvenait bien de la première fois qu'elle l'avait vu ! Il logeait dans une maison dans la grand-rue, où elle avait l'habitude de lui rendre visite. Il semblait que ce n'était il n'y a que quelques semaines à peine. Il se tenait à la grille, sa casquette à visière était repoussée en arrière, et ses cheveux retombaient en avant sur son visage bronzé. Ils avaient ensuite appris à se connaitre. Il venait chaque soir la retrouver devant le magasin et la raccompagnait à la maison. Il l'avait emmenée voir *La fille bohémienne* et d'être assise avec lui à une place inhabituelle, au théâtre, elle s'était sentie transportée. Il adorait la musique et chantait un peu. Les gens savaient qu'ils se courtisaient et, quand il chantait cette chanson sur la fille qui aimait un marin, elle se sentait toujours agréablement confuse. Il l'appelait coquelicot, pour s'amuser. Au début, elle éprouvait de l'excitation d'avoir un ami ; et puis elle avait commencé à l'aimer. Il racontait des histoires de contrées lointaines. Il avait commencé comme mousse, à une livre par mois, sur un bateau de l'Allan Line, ligne du Canada. Il lui donnait les noms des bateaux sur lesquels il avait navigué et les noms des différentes compagnies. Il avait traversé le détroit de Magellan et il lui racontait des anecdotes sur les terribles Patagons. Il avait trouvé un bon poste à Buenos Aires, disait-il. Il était revenu au vieux pays juste pour les vacances. Bien-sûr, son père avait découvert toute l'histoire et lui avait interdit d'avoir quoi que ce soit à voir avec lui.

- Je les connais ces marins, disait-il.

Un jour, il s'était disputé avec Frank, et après cela elle ne pouvait revoir son amoureux qu'en secret.

Le soir s'épaississait dans l'avenue. La blancheur de deux lettres qu'elle avait sur ses genoux devenait indistincte. L'une était destinée à Harry, l'autre à son père. Ernest avait été son préféré mais elle aimait aussi Harry. Elle remarquait que son père vieillissait ; elle lui manquerait. Parfois il pouvait être très gentil. Peu de temps auparavant, lorsqu'elle avait été alitée pour une journée, il lui avait raconté tout haut une histoire de revenants, et lui avait grillé un toast devant le feu. Un autre jour, alors que sa mère était en vie, ils étaient tous partis pique-niquer sur la colline de Howth. Elle se souvenait que son père s'était amusé à mettre le chapeau de sa mère pour faire rire les enfants.

Le temps s'écoulait, mais elle continuait à rester assise près de la fenêtre, appuyant sa tête contre le rideau, inhalant l'odeur de la cretonne poussiéreuse. Au loin, au bas de l'avenue, elle entendait un orgue de Barbarie qui jouait. Elle connaissait l'air. Etrange que cela se fît entendre précisément cette nuit-là pour lui remémorer la promesse faite à sa mère, sa promesse de maintenir la maison aussi longtemps qu'elle le pourrait ! Elle se souvenait de la dernière nuit de la maladie de sa mère ; elle était à nouveau dans la pièce sombre et étroite, à l'autre bout du hall ; et au dehors résonnait cet air italien mélancolique. On avait dit à l'homme de s'en aller, et on lui avait donné six pence. Elle se rappelait la démarche raide de son père, quand il était entré dans la chambre de la malade et qu'il avait dit :

- Ces damnés italiens ! venir jusqu'ici !

Alors qu'elle songeait ainsi, la version pitoyable de la vie de sa mère jeta son sort jusqu'au vif de son être, cette vie banale de sacrifices aboutissant à la démence. Elle trembla en croyant entendre à nouveau la voix de sa mère répétant sans cesse avec une insistance folle :

- *Derevaun Seraun ! Deveraun Seraun !*

Elle se leva dans une subite impulsion de terreur. Fuir ! Elle devait fuir ! Frank la sauverait. Il lui donnerait la vie, peut-être même de l'amour. Mais elle voulait vivre. Pourquoi serait-elle malheureuse ? Elle avait le droit au bonheur. Frank la prendrait dans ses bras, l'envelopperait de ses bras. Il la sauverait.

Elle se tenait au milieu de la foule grouillante à la gare de North Wall. Il lui tenait la main et elle savait qu'il lui parlait, répétant quelque chose à propos de la traversée. La gare était pleine de soldats avec des bagages bruns. A travers les grandes portes des hangars, elle aperçut la masse noire du bateau, reposant à côté du quai, avec ses hublots illuminés. Elle ne répondit rien. Elle sentait que sa joue était pâle et froide et, du fond d'un abîme de détresse, elle pria Dieu de la guider, de lui montrer quel était son devoir. Le bateau lança dans le brouillard un long et funèbre appel. Si elle partait, demain elle serait en mer avec Franck, naviguant vers Buenos Aires. Leurs places étaient réservées. Pouvait-elle encore faire marche arrière après tout ce qu'il avait fait pour elle ? Sa détresse lui donna la nausée, et elle continuait à remuer les lèvres, en fervente et silencieuse prière.

Une cloche retentit dans son cœur. Elle sentit qu'il lui prenait la main :

- Viens !

Toutes les mers du monde déferlaient autour de son cœur. Il la tirait pour l'y engloutir, elle s'y noierait. Elle agrippa de ses deux mains la rambarde en fer.

- Viens !

Non ! Non ! Non ! C'était impossible. Ses mains agrippaient la rampe avec frénésie. Parmi les flots, elle lança un cri d'angoisse !

- Eveline ! Evvy !

Il franchit la barrière en courant et lui cria de le suivre. On le sommait de monter, mais il s'obstinait à l'appeler. Elle fixa sur lui un visage pâle, elle était passive tel un animal désemparé, en ses yeux nul signe ni d'amour ni d'adieu : elle ne semblait pas le reconnaître.

APRES LA COURSE

Les voitures roulaient vers Dublin à toute vitesse, lancées comme des boulets dans le sillon de la route de Naas. Au sommet de la colline d'Inchicore, des spectateurs s'étaient rassemblés pour voir passer les voitures, et le continent déversait sa richesse et son industrie à travers cette banlieue pauvre et paresseuse. De temps à autre, s'élevait des groupes le hourra des opprimés reconnaissants. Leur sympathie, cependant, allaient aux voitures bleues – les voitures de leurs amis, les Français.

Les Français, en outre, étaient virtuellement vainqueurs. Leur équipe avaient bien terminé ; ils étaient classés seconds et troisièmes, et le conducteur de la voiture allemande gagnante était annoncé comme étant un Belge. De sorte que chaque voiture bleue recevait une double mesure de joyeux hourras, à son arrivée au sommet de la colline ; et à chaque hourra, ceux qui étaient dans la voiture répondaient par des sourires et des saluts. Dans l'une de ces voitures d'une carrosserie élégante se trouvaient quatre jeunes gens dont l'entrain semblait dépasser même celui qui est naturel à des Gaulois victorieux : en fait, ces quatre jeunes gens étaient presque dans un état d'hilarité. Il y avait Charles Ségouin, le propriétaire de la voiture ; André Rivière, un jeune électricien d'origine canadienne ; un énorme Hongrois qui s'appelait Villona, et un jeune homme soigneusement apprêté nommé Doyle. Ségouin était enchanté parce qu'on venait, inopinément, de lui faire des commandes d'avance (il allait monter une affaire d'automobiles à Paris), et Rivière était de bonne humeur parce qu'il devait être nommé directeur de l'établissement ; ces deux jeunes gens, deux cousins, étaient aussi tout joyeux à cause de la victoire française. Villona était heureux parce qu'il avait eu un bon déjeuner ; et de plus, il était optimiste par nature. Le quatrième du groupe, lui, était trop excité pour être heureux aussi naïvement.

Il avait dans les vingt-six ans, une fine moustache d'un brun clair et des yeux gris au regard plutôt innocent. Son père, qui était entré dans la vie en nationaliste avancé, changea vite sa manière de voir. Il avait fait fortune en tant que boucher à Kingstown ; et en ouvrant des magasins à Dublin et dans les faubourgs, il avait doublé plusieurs fois sa fortune. Il avait eu aussi la chance d'obtenir quelques polices d'assurance, et à la fin il était devenu assez riche pour qu'on parle de lui dans les journaux de Dublin, sous le titre de prince des marchands. Il avait envoyé son fils en Angleterre pour être élevé dans un grand collège catholique, et l'avait fait entrer ensuite à l'Université de Dublin pour étudier le droit. Jimmy n'était pas très travailleur et même, pendant quelques temps, il eut de mauvaises fréquentations. Il était riche et très populaire et il partageait bizarrement son temps entre les cercles de musique et d'automobiles. Puis on lui offrit un trimestre à Cambridge, afin de connaître un peu la vie. Son père, tout en criant, mais secrètement flatté de ses extravagances, avait payé ses dettes avant de le ramener à la maison. C'est à Cambridge qu'il avait rencontré Ségouin. Ils n'étaient pas encore plus que des connaissances, mais Jimmy prenait un grand plaisir dans la société d'avoir quelqu'un qui avait vu tant de pays et qui avait la réputation de posséder quelques-uns des plus grands hôtels de France. Un tel personnage (et là son père l'approuvait) était bon à connaître, même s'il n'eût pas été aussi charmant compagnon. Villona aussi était amusant : brillant pianiste, mais, malheureusement, très pauvre.

La voiture roulait allègrement avec sa charge de folle jeunesse, les deux cousins devant, Jimmy et son ami hongrois derrière. Décidément Villona débordait d'entrain. Tout le long de la route, de sa voix de basse il ne cessait de fredonner un air ; les Français jetaient leurs rires et leurs mots légers par-dessus leurs épaules, et parfois Jimmy avait à se pencher pour saisir la plaisanterie au vol. Ce n'était pas toujours drôle, car le plus souvent il lui fallait faire semblant de comprendre et crier une réponse adaptée, malgré le grand vent qui fouettait la figure. D'ailleurs, le fredonnement de Villona aurait empêché n'importe qui de comprendre ; et le bruit de la voiture aussi.

Le mouvement rapide à travers l'espace transporte de joie, et aussi la notoriété, et non moins la possession d'argent. Trois bonnes raisons pour que Jimmy fût excité. Ce jour-là, beaucoup de ses amis l'avaient vu en compagnie de ces Français du continent. Au contrôle, Ségouin l'avait présenté à l'un des coureurs français ; et, en réponse à ses félicitations confuses, la figure hâlée du coureur avait dévoilé une rangée de dents blanches et brillantes. Après un tel honneur, il était agréable de rentrer dans le monde profane des spectateurs au milieu des saluts et des regards significatifs. Et quant à l'argent, il y en avait vraiment une très jolie somme. Ségouin, peut-être, ne la trouverait pas importante ; mais Jimmy, malgré quelques erreurs momentanées, avait hérité de solides instincts, et savait au prix de quelles difficultés cette somme avait été rassemblée. Connaissances grâce auxquelles il n'avait contracté que des dettes raisonnables ; et, s'il avait déjà fait preuve d'une telle conscience de la valeur de l'argent lorsqu'il s'agissait de simples caprices, combien davantage l'avait-il aujourd'hui où il allait engager la plus grande part dans cette affaire ! C'était pour lui une chose sérieuse.

Bien sûr, le placement était avantageux et Ségouin s'était arrangé pour donner l'impression de concéder une faveur en acceptant que cette bagatelle irlandaise fût englobée dans son capital. Jimmy avait du respect pour la perspicacité de son père en affaires ; et dans celle-ci, c'était son père lui-même qui avait suggéré le premier ce placement ; de l'argent mis dans des affaires d'automobiles ? Cela rapporterait gros. D'ailleurs Ségouin avait cette apparence de l'homme calé qui ne trompe pas. Jimmy se mit à calculer à combien de journées de travail reviendrait une voiture merveilleuse comme celle-là. Elle roulait si bien ! Et avec quel chic ils étaient arrivés, courant le long des routes de campagne ! Le voyage, de son doigt magique, avait accéléré le pouls de la vie chez le jeune homme ; et la machine humaine répondait galamment de toute la force de ses nerfs aux bonds magnifiques de cette rapide bête d'azur.

Ils descendirent Dame Street. Elle était animée d'un trafic inhabituel, bruyante des klaxons des voitures et des cloches des conducteurs de tramways impatients. Près de la banque, Ségouin, s'arrêta, et Jimmy descendit avec son ami. Un petit attroupement se forma sur le trottoir pour acclamer la voiture trépidante. Ils devaient tous dîner le soir à l'hôtel de Ségouin ; et Jimmy et son ami, qui logeait chez lui, devaient rentrer s'habiller. La voiture se dirigea lentement vers Grafton Street, les deux jeunes gens se frayant un chemin au milieu des badauds. Ils avançaient vers le nord avec une étrange sensation de déception tandis que la ville suspendait ses globes de lumière pâle au-dessus d'eux dans la brume de ce soir d'été.

Chez Jimmy, on avait parlé de ce dîner comme d'une chose importante. Un certain orgueil se mêlait à l'agitation de ses parents enclins pour la circonstance à tourner comme des girouettes ; l'évocation des grandes villes étrangères a du moins cet effet. D'ailleurs, Jimmy avait fort bon air dans son habit de soirée, et, comme il se tenait dans le hall en train de mettre la dernière main à son nœud de cravate, son père pouvait se sentir satisfait, même commercialement parlant, de lui avoir inculqué des qualités qui souvent ne se laissent pas acheter. C'est pourquoi il fut plus aimable avec Villona, et fit montre d'un véritable respect pour ses manières étrangères et accomplies. Mais il est probable que cette subtilité de son hôte échappa complétement au Hongrois qui commençait à sentir un besoin urgent de dîner.

Le dîner fut excellent, exquis. Jimmy décida que Ségouin avait un goût très raffiné. La bande s'était agrandie avec un jeune Anglais nommé Routh que Jimmy avait connu avec Ségouin à Cambridge. Les jeunes gens dînaient dans un petit salon confortable, éclairé par des candélabres électriques. Ils parlaient avec volubilité et sans contrainte. Jimmy, dont l'imagination s'échauffait, voyait déjà la vivacité et la jeunesse des Français traçant une arabesque élégante sur le fond ferme et solide des manières de l'Anglais. C'était là, pensait-il, une image gracieuse qu'il avait trouvée, et juste avec cela. Il admirait la dextérité avec laquelle leur hôte dirigeait la conversation. Les cinq jeunes gens avaient des goûts variés, et leurs langues étaient déliées. Villona, avec un immense respect, commençait à découvrir à l'Anglais modérément étonné les beautés du madrigal anglais, tout en déplorant la perte des instruments anciens. Rivière, s'adressant à Jimmy, entreprit de lui expliquer à sa façon le triomphe des mécaniciens français. La voix tonitruante du Hongrois commençait à tourner en ridicule la technique factice des peintres romantiques, quand Ségouin fit dévier la conversation sur la politique. C'était là un sujet qui leur agréait à tous. Jimmy, sous l'influence généreuse du bon dîner, sentit le zèle paternel se réveiller en lui ; il finit par secouer l'apathique Routh lui-même. L'atmosphère de la pièce devenait de plus en plus orageuse, et le rôle de Ségouin plus ardu à chaque instant : il y avait danger qu'on en vînt aux mains. Aussi saisit-il la première occasion pour lever son verre en l'honneur de l'humanité ; et, quand tous eurent porté cette santé, il ouvrit toute grande une porte-fenêtre, d'un geste significatif.

Cette nuit-là, la ville avait le visage d'une capitale. Les cinq jeunes gens déambulèrent le long du Green Stephen dans un léger nuage de tabac odorant. Ils bavardaient gaiement, bruyamment, et leurs pardessus flottaient sur leurs épaules. Les gens s'écartaient sur leur passage. Au coin de Grafton Street, un homme petit et gros mettait deux belles dames en voiture, sous la garde d'un autre non moins corpulent. La voiture démarra et le petit homme gros aperçut la bande.

- André !
- C'est Farley !

Un flot de paroles s'ensuivit. Farley était américain. Personne ne savait exactement de quoi l'on parlait. Vilonna et Rivière étaient les plus bruyants, mais tous étaient partis. Ils montèrent dans une voiture, serrés comme des sardines, avec des rires sonores. Ils roulèrent dans cette foule aux couleurs estompées, se dirigeant vers le son de joyeuses cloches. Ils prirent le train à Westland Row, et il parut à Jimmy que quelques secondes seulement s'étaient écoulées lorsqu'ils se trouvèrent descendant à la gare de Kingstown. L'homme qui prenait les billets salua Jimmy ; c'était un vieil homme :

- Belle nuit, monsieur !

C'était une nuit d'été sereine ; le port se dressait comme un miroir assombri à leurs pieds. Ils s'y rendirent bras dessus, bras dessous, chantant *Cadet Rousselle* en chœur, et frappant du pied à chaque refrain :

- Ah ! Ah ! Ah oui vraiment !

A l'embarcadère, ils montèrent dans un canot et se dirigèrent vers le yacht de l'Américain. Il devait y avoir un souper, de la musique, des jeux de cartes. Villona déclara avec satisfaction :

- C'est délicieux !

Il y avait un piano dans la cabine. Villona joua une valse pour Farley et Rivière, Farley faisant le cavalier et Rivière la dame. Puis ils dansèrent un quadrille improvisé, les hommes inventant au fur et à mesure des figures originales. Quel amusement ! Jimmy en prenait largement sa part, de toutes ses forces : ça, du moins, c'était vivre ! Farley, essoufflé, cria tout à coup : « Arrêtez ! » Alors, un homme apporta un léger souper, et les jeunes gens s'assirent pour la forme. Cependant ils burent, c'était vraiment la vie de bohème. Ils burent à la santé de l'Irlande, de l'Angleterre, de la France, de la Hongrie, des Etats-Unis, de l'Amérique. Jimmy fit un discours, un long discours, et Villona répétait : « Silence ! Silence ! » à chaque pause. Il y eut un grand applaudissement quand il se rassit. Ça avait dû être un beau discours, car Farley lui tapait dans le dos en s'esclaffant. Quels joyeux camarades ! Quelle bonne compagnie ils faisaient !

Des cartes ! Des cartes ! On débarrassa la table. Villona se remit tranquillement au piano et improvisa pour eux. Les autres hommes jouèrent partie après partie, se lançant audacieusement dans l'aventure. Ils burent à la santé de la reine de cœur et de la reine de carreau. Jimmy regrettait confusément l'absence d'un auditoire, car tous pétillaient d'esprit. Jimmy ne savait pas exactement qui gagnait, il savait seulement qu'il perdait. Mais c'était sa faute car il confondait souvent les cartes, et ses camarades devaient même compter ses points pour lui. C'étaient de rudes camarades, mais il avait envie de s'arrêter. Il se faisait tard. Quelqu'un proposa de boire à la santé du yacht La Belle de Newport et quelqu'un d'autre suggéra un grand jeu pour finir.

Le piano s'était tu. Villona avait dû monter sur le pont. Le jeu devenait terrible. Ils s'arrêtèrent un instant, juste avant la fin, pour boire à leur chance. Jimmy comprenait que la partie se jouait entre Routh et Ségouin. Quelle émotion ! Jimmy aussi était ému. Il était perdant, bien sûr. Mais pour quelle somme avait-il signé ? Les jeunes gens se mirent debout pour jouer les derniers coups, parlant et gesticulant. Routh gagna. La cabine trembla sous les hourras des jeunes gens, et les cartes furent rassemblées. Ils commencèrent alors à récolter ce qu'ils avaient gagné. Farley et Jimmy étaient les plus gros perdants.

Il savait qu'il regretterait ce qu'il avait fait le lendemain matin ; mais pour l'instant il était heureux de ce repos, heureux de cette obscure stupeur qui s'abattait sur sa folie. Il mit ses coudes sur la table et sa tête dans ses mains, comptant les pulsations de ses tempes. La porte de la cabine s'ouvrit, et il vit le Hongrois se détacher sur une ligne de lumière grisâtre :

- L'aube, messieurs !

LES DEUX GALLANTS

La chaude soirée grise d'août s'était abattue sur la ville, et un air doux et tiède, comme un rappel de l'été, soufflait dans les rues. Les rues aux volets clos pour le repos du dimanche s'emplissaient d'une foule gaiement bigarrée. Comme des perles éclairées du dedans, du haut de leurs longs poteaux, les lampes à arc illuminaient le tissu mouvant des humains qui, sans cesse changeant de forme et de couleur, envoyait dans l'air gris et tiède du soir une rumeur incessante, monotone.

Deux jeunes gens descendaient la pente de Rutland Square. L'un d'eux venait de terminer un long monologue. L'autre, qui marchait sur le bord du trottoir devait parfois sauter sur la chaussée à cause de l'impolitesse de son compagnon, l'écoutait, amusé. Il était râblé et rougeaud d'aspect. Une casquette de yacht était repoussée loin, derrière son front, et le récit qu'il écoutait provoquait constamment des vagues d'expression, partant des coins du nez, des yeux et de la bouche s'étalaient sur tout son visage. Des fusées de rire s'échappaient de son corps, convulsé. Ses yeux, pétillants d'une joie maligne, se tournaient à tous moments sur le visage de son compagnon. Une ou deux fois, il réajusta le léger imperméable qu'il avait jeté sur son épaule à la manière d'un toréador. Ses culottes, ses chaussures blanches à semelles en caoutchouc et son imperméable flottant exprimaient la jeunesse. Mais sa silhouette prenait de la rondeur au niveau de la taille, ses cheveux étaient gris et clairsemés, et son visage, les ondes d'expression une fois passées, avait un air ravagé.

Quand il fut tout à fait sûr que le récit était terminé, il rit silencieusement durant une bonne demi-minute. Puis il dit :

- Eh bien ! Ça, c'est le bouquet !

Sa voix semblait dépourvue de vigueur et, pour appuyer ses propos, il ajouta avec humour :

- Ça, c'est le bouquet, et si je puis dire, le bouquet du bouquet.

Il devint sérieux et se tut. Il se sentait fatigué d'avoir parlé tout l'après-midi dans un bar de Dorset Street. La plupart des gens considéraient Lenehan comme un souteneur, mais malgré cette réputation, sa diplomatie et son éloquence avaient toujours empêché ses amis de se liguer contre lui. Il avait une façon dégagée de s'approcher d'un de leurs groupes dans un cabaret, de se maintenir habilement sur la lisière jusqu'à ce qu'on fît un cercle autour de lui. C'était un vagabond sportif pourvu d'un stock d'histoires, de bons mots et de devinettes. Il était insensible à tous les genres d'impolitesse. Personne ne savait comment il résolvait le problème compliqué qu'est la vie, cependant son nom était vaguement associé à des ragots de courses.

- Où l'as-tu levée, Corley ? demanda-t-il.

Corley passa rapidement sa langue sur sa lèvre supérieure.

- Une nuit, mon vieux, dit-il, je descendais Dame Street lorsque j'aperçois une chic poule postée sous l'horloge de Waterhouse et je lui dis bonne nuit, tu sais. Alors nous sommes allés nous promener près du canal et elle me dit qu'elle était domestique dans une maison de Baggot Street. Ce soir-là, j'ai passé mon bras autour d'elle et je l'ai prise dans mes bras. Alors, le dimanche qui a suivi, je la rencontre sur rendez-vous. Nous sommes allés à Donnybrook où je l'emmène dans un champ. Elle me dit qu'elle est avec un laitier... C'était épatant, mon vieux. Elle m'apportait des cigarettes tous les soirs et payait mon tram allé et retour. Et une nuit, voilà qu'elle m'amène deux fameux cigares. Oh ! de la bonne marque, tu sais, de ceux que le vieux avait l'habitude de fumer. J'ai eu peur, mon vieux, qu'elle ne devienne enceinte. Mais elle connaît son affaire.

- Peut-être qu'elle pense que tu vas l'épouser, dit Lenehan.

- Je lui ai dit que j'étais sans emploi, dit Corley, je lui ai dit que j'étais chez Pim. Elle ne sait pas mon nom. Je suis trop bien dégourdi pour le lui sortir. Mais elle pense que je suis un peu classe, tu sais.

Lenehan rit de nouveau sans bruit.

- Parmi toutes les bonnes histoires que j'ai entendues, celle-là est la meilleure, dit-il.

Corley se trémoussa de plaisir à la louange. Le dandinement de son gros corps força son ami à sautiller à plusieurs reprises du trottoir à la chaussée. Corley était le fils d'un inspecteur de police, il avait hérité de la stature et de la démarche de son père. Il marchait les mains sur les hanches, droit et balançant la tête de gauche à droite. Sa tête était large, sphérique, graisseuse ; elle suintait par tous les temps, et son chapeau à larges bords posé de côté ressemblait à un oignon qui aurait germé d'un autre. Il regardait toujours devant lui comme s'il était à la parade et, lorsqu'il voulait suivre quelqu'un du regard, il fallait qu'il se déhanchât. Pour l'instant, il était en ville. Chaque fois qu'un emploi était vacant, un ami était toujours prêt à lui donner un coup de main. On le voyait souvent marcher en compagnie d'agents de police en civil et parler avec animation. Il connaissait l'envers de toutes choses et aimer prononcer des jugements définitifs. Il parlait sans écouter ses compagnons. Sa conversation portait principalement sur lui-même. Ce qu'il avait dit à telle personne, ce que telle personne lui avait répondu et ce qu'il avait dit pour régler l'affaire. Lorsqu'il répétait ces dialogues, il aspirait la première lettre de son nom à la manière des Florentins.

Lenehan offrit une cigarette à son ami. Alors que les deux jeunes gens avançaient à travers la foule, Corley se retournait de temps à autre pour sourire à quelques-unes des jeunes filles qui passaient. Quant à Lenehan, son regard fixait la grande lue pâle, entouré d'un double halo. Il observait attentivement le passage du voile gris, le crépuscule sur la face lunaire. Finalement il dit :

- Eh bien... dis-moi, Corley, tu vas pouvoir t'en sortir, hein ?

En guise de réponse, Corley eut un clignement d'œil expressif.

- S'y laissera-t-elle prendre ? demanda Lenehan incrédule. On ne sait jamais, avec les femmes.

- Elle marchera, dit Corley, je sais comment l'embobiner, vieux. Elle en pince un peu pour moi.

- Tu es ce que j'appelle un gay Lothario, dit Lenehan, et un Lothario de la bonne espèce !

Une nuance de moquerie atténua ce qu'il y avait d'un peu servile dans sa manière. Pour se relever à ses propres yeux, ses flatteries étaient toujours dites de sorte que l'on aurait pu les prendre pour des railleries. Mais Corley n'a pas l'esprit subtil.

- Rien ne vaut une bonne servante, affirma-t-il, ça je te le garantis.

- La garantie de celui qui les a toutes essayées, dit Lenehan.

- J'ai commencé par sortir avec des filles, tu sais, dit Corley se confiant, des filles du South Circular ; je les sortais, vieux, en tram, et je payais, je les emmenais écouter l'orchestre ou à quelque pièce de théâtre, ou bien je leur achetais du chocolat, des bonbons ou un rien de ce genre. J'ai dépensé assez d'argent pour elles, tu peux me croire, ajouta-t-il d'un ton persuasif, comme s'il avait conscience de n'être pas pris au mot. Mais Lenehan le croyait volontiers.

Il hocha la tête gravement :

- Je connais le truc, dit-il, et c'est un jeu de dupes.
- Et je n'ai jamais rien eu de cette foutue histoire, dit Corley.
- Même chose ici, dit Lenehan.
- Une seule exceptée, dit Corley.

Il humecta sa lèvre supérieure d'un coup de langue. Le souvenir illumina ses yeux. Lui aussi contempla le disque pâle de la lune, à présent presque cachée, et parut réfléchir.

- Elle était... pas mal du tout, dit-il avec regret.

Il se tut de nouveau. Puis il ajouta :

- Maintenant, elle est dans le milieu. L'autre soir, je l'ai vue rouler en voiture avec deux types.

- C'est à toi qu'elle le doit, je suppose, dit Lenehan.

- Il y en avait d'autres avant moi, dit Corley avec philosophie.

Cette fois Lenehan fut tenté d'être incrédule. Il secoua la tête et sourit.

- Tu ne m'auras pas, tu sais, Corley.
- Parole d'honneur, c'est elle qui me l'a dit.

Lenehan fit un geste tragique.

- Sale traître ! dit-il.

Alors qu'ils passaient devant la grille de Trinity Collège, Lenehan sautilla sur chaussée et leva les yeux vers l'horloge.

- Il est vingt, dit-il.

- Il y a le temps, dit Corley, elle sera là, je la fais toujours attendre un peu.

Lenehan rit doucement.

- Pardieu, Corley, tu t'y connais, dit-il.

- Je connais tous leurs petits tours, avoua Corley.

- Mais dis-moi, reprit Lenehan, es-tu sûr de pouvoir t'en sortir correctement ? Tu sais, c'est délicat, elles sont sacrément serrées sur ce chapitre. Hein, quoi ?

De ses petits yeux brillants il scruta la figure de son compagnon pour se rassurer. Corley balança la tête comme pour chasser un insecte tenace et fronça les sourcils.

- Je m'en charge, dit-il, laisse-moi faire, veux-tu ?

Lenehan n'ajouta rien de plus. Il ne voulait pas contrarier son ami ni à être envoyé à tous les diables et s'entendre dire qu'on ne lui demandait pas son avis. Il fallait un peu de tact. Mais Corley ne tarda pas à se rasséréner. Ses pensées étaient déjà ailleurs.

- Pour une chic et jolie fille, dit-il sur un ton de connaisseur, c'en est une.

Ils marchèrent le long de Nassau Street et tournèrent dans Kildare Street. Non loin de l'entrée du cercle, un harpiste jouait sur la chaussée à un petit cercle d'auditeurs. Il pinçait les cordes négligemment, de temps à autre, dévisageant un nouvel arrivant, de temps à autre regardant aussi, mais avec lassitude, le ciel. Sa harpe, comme indifférente à sa housse qui ne la recouvrait qu'à moitié, semblait lasse elle aussi des regards étrangers et du toucher de son maître. Une des mains jouait à la basse la chanson Silent O Moyle, tandis que l'autre se promenait dans les aigus entre chaque groupe de notes. La mélodie résonnait grave et pleine.

Les deux jeunes gens marchèrent sans rien dire, la musique mélancolique les accompagnait. Quand ils eurent atteint Stephen Green, ils traversèrent la rue. Ici le bruit des trams, les lumières, la foule, leur firent rompre le silence.

- La voilà, dit Corley.

A l'angle de la rue Hume, une jeune femme attendait. Elle portait une robe bleue et un canotier blanc. Debout sur le trottoir, elle balançait son parapluie. Lenehan devint vif.

- Allons jeter un coup d'œil, Corley, dit-il.

Corley regarda son ami de côté et une mauvaise grimace apparut sur son visage.

- Tu essaies de me doubler ? demanda-t-il.

- Nom de Dieu, dit Lenehan hardiment, je ne veux pas être présenté, je veux simplement la regarder. Je ne vais pas la manger.

- Oh !... Seulement la regarder, dit Corley plus aimablement, alors voilà ce que nous allons faire. Je vais aller lui parler et tu pourras passer devant nous.

- Bien, dit Lenehan.

Corley commençait à enjamber les chaînes lorsque Lenehan cria :

- Et après ? Où se retrouve-t-on ?
- Dix heures et demie, répondit Corley, ramenant l'autre jambe.
- Où ?
- Au coin de Merrion Street. Nous reviendrons.
- Travaille bien, dit Lenehan en signe d'adieu.

Corley ne répondit pas. Il déambula dans la rue, balançant sa tête de droite à gauche. Sa prestance, sa démarche dégagée et le craquement sonore de ses bottines lui donnaient quelque chose d'un conquérant. Il s'approcha de la jeune femme et, sans la saluer, se mit aussitôt à lui parler. Elle agita son parapluie plus rapidement et pivota plusieurs fois sur ses talons. Une ou deux fois, lorsqu'il lui parla tout en étant très proche d'elle, elle rit et baissa la tête.

Lenehan les observa pendant quelques minutes. Puis il marcha rapidement le long des chaînes et traversa la route en biais. Comme il approchait, il huma dans l'air un parfum lourd et jeta rapidement un regard anxieux sur la jeune femme. Elle était vêtue de ses vêtements du dimanche : une jupe de serge bleue retenue à la taille par une ceinture de cuir noir, une grande boucle d'argent qui lui creusait le milieu du corps, attrapant le tissu léger de sa blouse blanche. Elle portait une veste noire et courte garnie de boutons de nacre et un boa fripé. Les bords de son col en tulle avaient été soigneusement ébouriffés, et sur sa poitrine, les tiges vers le haut, un gros bouquet de fleurs rouges était piqué. Lenehan jugea en connaisseur son corps court et musclé. Tout en elle révélait la santé, de ses joues rondes et rouges jusqu'à ses yeux bleus impudents. Ses traits étaient grossiers. Elle avait de larges narines, une bouche irrégulière découvrait un sourire satisfait et deux dents de devant qui étaient légèrement saillantes. En passant, Lenehan ôta sa casquette et, après environ dix secondes, Corley répondit au salut d'un air absent en portant la main à son chapeau, le changeant de position.

Lenehan marcha jusqu'à l'hôtel Shelbourne où il s'arrêta et attendit. Après avoir attendu un instant, il les vit avancer dans sa direction et lorsqu'ils tournèrent à droite, il les suivit à pas feutrés dans ses souliers blancs, du côté de Merrion. Tandis qu'il marchait lentement, synchronisant son rythme avec le leur, il observait la tête de Corley qui se tournait à tout moment vers le visage de la jeune femme, comme un gros bilboquet sur son pivot. Il ne perdit pas le couple de vue jusqu'à ce qu'il le vît prendre le tram de Donnybrook. Puis il fit demi-tour et reprit le chemin qu'il avait emprunté.

Maintenant qu'il était seul, son visage paraissait vieilli. Sa gaieté semblait l'abandonner et, comme il arrivait devant les grilles de Duke's Lawn, il fit glisser sa main le long des barreaux. La mélodie jouée par le harpiste contrôlait ses mouvements. Ses pas amortis par les semelles jouaient la mélodie, tandis que ses doigts balayaient indolemment traits et variantes sur les barreaux entre chaque groupe de notes.

Il marcha à l'aventure le long de Stephen Green, s'engagea dans Grafton Street. Bien que ses yeux eussent remarqué de nombreux éléments de la foule qu'il traversait, ils le firent d'une manière morose. Il trouvait vulgaire tout ce qui aurait dû le charmer et ne répondait pas aux regards qui l'invitaient à être hardi. Il savait qu'il lui faudrait beaucoup parler, à inventer et à amuser, et son cerveau et sa gorge étaient trop secs pour une telle tâche. Le moyen de faire passer le temps jusqu'à l'heure de rejoindre Corley le tourmentait un peu. Il ne pouvait penser à rien d'autre que de continuer sa promenade. Arrivé à l'angle de Rutland Square, il tourna à gauche et se sentit plus à l'aise dans la rue obscure et tranquille dont l'aspect sombre convenait à son humeur. Il s'arrêta enfin devant la vitrine d'une misérable boutique au-dessus de laquelle les mots « boissons et liqueurs » étaient inscrits en blancs. Devant la vitre se trouvaient deux écriteaux sur lesquels étaient inscrits *ginger beer* et *ginger ale*. Un jambon coupé était exposé sur un grand plat bleu et à côté, sur un grand plat, se trouvait un morceau de plum-pudding qui avait l'air assez piètre. Il jeta un regard sur cette nourriture pendant un moment, puis après avoir inspecté attentivement la rue dans toute sa longueur, il entra précipitamment dans le magasin.

Il avait faim, sauf quelques biscuits demandés à des garçons de café réticents, il n'avait rien mangé depuis le matin. Il s'assit à une table de bois sans nappe, en face de deux ouvrières et d'un mécanicien. Une servante malpropre le servait.

- Combien coûte une assiette de petits pois ? demanda-t-il.

- Trois demi-pence, monsieur, dit la fille.

- Apportez-moi une assiette de petits pois, dit-il, et une bouteille de bière au gingembre.

Il parlait sur un ton bourru afin de démentir son air de gentillesse car son entrée fut suivie d'un silence. Il rougissait. Pour paraître naturel, il repoussa sa casquette et posa ses coudes sur la table. Le mécanicien et les deux ouvrières l'examinèrent en détail avant de reprendre leurs discussions de mi-voix. La fille lui apporta un plat de pois cassés chauds assaisonnés de poivre et de vinaigre, une fourchette et une bière. Il mangea gloutonnement et trouva le plat si bon qu'il ne manqua pas de retenir le nom de la boutique. Lorsqu'il eut fini de manger tous les pois, il dégusta sa bière et songea quelques temps à l'aventure de Corley. Dans son imagination, il vit le couple d'amants marcher le long d'un chemin sombre, il entendit la voix de Corley émettre des galanteries énergétiques et revit le sourire de la jeune femme. Cette vision lui fit sentir fortement la pauvreté de sa bourse et de son esprit. Il était las d'errer à l'aventure, de tirer le diable par la queue, de vivre d'intrigues et d'expédients. Il aurait 31 ans en novembre. N'aurait-il jamais un métier ? N'aurait-il jamais de maison à lui ? Il pensa combien ce lui serait agréable d'avoir un bon feu près duquel s'asseoir et un bon dîner devant lequel s'attabler. Il en avait assez de marcher dans les rues avec les amis et les filles. Il savait ce que valaient ces amis et ces filles. L'expérience avait rendu son cœur aigri contre le monde. Mais tous espoir ne l'avait pas quitté. Il se sentit mieux après avoir mangé, moins las de la vie, moins abattu. Il pourrait peut-être encore s'installer dans un coin tranquille et vivre heureux, si seulement il rencontrait une gentille fille, simple d'esprit avec un peu du nécessaire.

Il paya deux pence en sortant, à la fille débraillée, et sortit de la boutique pour recommencer à errer. Il s'engagea dans Capel Street et se dirigea vers le City Hall. Puis il tourna dans Dame Street. Au coin de George Street, il rencontra deux de ses amis et s'arrêta pour discuter avec eux. Il était heureux de ce repos dans ses allée et venues. Ses amis lui demandèrent s'il avait vu Corley et quelles étaient les dernières nouvelles. Il répondit qu'il avait passé la journée avec Corley. Ses amis parlaient très peu. Ils suivaient en vain des silhouettes dans la foule, faisant parfois quelque remarque. L'un d'eux dit qu'il avait vu Mac dans Westmoreland Street. Ce à quoi Lenehan répondit qu'il avait vu Mac la veille chez Egan. Le même jeune homme demanda si c'était vrai que Mac avait gagné en pariant à un match de billard. Lenehan n'en savait rien : il dit que Holohan leur avait payé une tournée chez Egan.

Il quitta ses amis à dix heures moins le quart, et monta George Street. Il tourna à gauche au City Market et longea Grafton Street. La foule de jeunes filles et de jeunes gens avait bien diminué et il entendait sur son chemin de nombreux couples et des groupes qui se souhaitaient une bonne nuit. Il alla jusqu'à l'horloge du Collège des chirurgiens : il était presque dix heures. Il repartit rapidement du côté nord de Green, se hâtant de peur que Corley ne fût déjà revenu. Au coin de Merrion Street, il se posta à l'ombre d'un réverbère, sortit une des cigarettes qu'il avait réservées et l'alluma. Il s'appuya contre le poteau, son regard fixé dans la direction où il s'attendait à voir Corley revenir et la jeune femme.

Son esprit reprit son activité. Il se demanda si Corley avait réussi. Il se demandait s'il lui avait déjà demandé ou s'il attendrait au dernier moment pour le faire. Il passa par toutes les angoisses, tous les frissons que comportait aussi bien la situation de son ami, que la sienne. Mais le souvenir de la rotation lente de la tête de Corley le calma quelque peu : il était sûr que Corley s'en sortirait bien. Soudain, il eut l'idée que peut-être Corley avait pris un autre chemin pour lui donner le change. Ses yeux scrutèrent la rue : pas de trace du couple. Pourtant, une demi-heure au moins s'était écoulée depuis qu'il avait regardé l'horloge du Collège des chirurgiens. Corley ferait-il une chose pareille ? Il alluma sa dernière cigarette et la commença à la fumer nerveusement. Il levait les yeux à chaque tram qui s'arrêtait au coin du square. Ils avaient dû rentrer chez eux par un autre chemin. Le papier de sa cigarette se déchira et il la lança sur la chaussée avec un juron.

Tout à coup, il les aperçut qui venaient vers lui. Il eut un sursaut de joie et, se serrant contre le réverbère, essaya de lire le résultat à leur démarche. Ils avançaient vite. La femme faisait des petits pas rapides, tandis que Corley réglait sur elle ses longues enjambées. Ils ne semblaient pas se parler. Un pressentiment sur l'issue de l'affaire le piqua comme un instrument pointu. Il savait que Corley échouerait, il savait que c'était impossible.

Le couple tourna au coin de Baggot Street et aussitôt Lenehan se mit à les suivre mais sur le trottoir opposé. Ils s'arrêtaient, lui s'arrêtait aussi. Ils parlèrent quelques instants, puis la jeune femme descendît dans un sous-sol. Corley demeura debout sur le rebord du trottoir, à quelques mètres du perron. Plusieurs minutes s'écoulèrent. Alors la porte d'entrée s'ouvrit lentement, avec précaution. Une femme en sortit, descendit les marches en courant et toussa. Corley se retourna et s'avança vers elle. Elle sembla disparaître, pendant quelques secondes, derrière la silhouette de Corley, puis elle réapparut montant les marches en courant. La porte se referma sur elle et Corley se mit à marcher rapidement vers Stephen Green.

Lenehan se mit à sa poursuite. Quelques gouttes de pluie tombaient. Il les prit pour un avertissement et, regardant en arrière vers la maison où la jeune femme était entrée, voyant qu'on ne l'avait pas remarqué, il traversa la rue d'un pas pressé. L'anxiété et sa course rapide le faisaient haleter. Il s'exclama :

- Hé Corley !

Corley tourna la tête pour voir qui l'appelait mais continua sa marche. Lenehan lui courut après, tout en réajustant d'une main son imperméable sur ses épaules.

- Hé Corley ! répéta-t-il.

Il rejoignit son ami, le dévisagea avec attention mais il n'a pas réussi à voir quoi que ce soit.

- Alors, dit-il, ça y est ?

Ils avaient atteint le coin d'Ely Square. Toujours sans répondre, Corley tourna sur la gauche et prit une rue latérale. Ses traits exprimaient un calme sévère. Lenehan suivit son ami, reprenant péniblement son souffle. Il était déconcerté et une pointe de menace perça dans sa voix.

- Ne peux-tu pas me le dire ? Tu ne l'as pas tâtée ?

Corley s'arrêta au premier réverbère et le regarda d'un air maussade. Alors d'un geste, il tendit la main vers la lumière et lentement, en souriant, l'ouvrit sous les yeux de son disciple.

Une petite pièce d'or brillait dans la paume.

LA PENSION DE FAMILLE

Mme. Mooney était la fille d'un boucher. C'était une femme qui savait garder les choses pour elle : une femme déterminée. Elle avait épousé le premier garçon de son père et ouvert une boucherie près de Spring Gardens. Mais dès la mort de son beau-père, Mr. Mooney se laissa aller. Il but, pilla la caisse et s'endetta jusqu'au cou. Cela ne servait à rien de lui faire jurer de ne plus boire : il recommençait quelques jours après. Il se bagarrait avec sa femme devant les clients, achetait de la viande de mauvaise qualité, qu'il finit par ruiner son commerce. Une nuit il menaça sa femme avec un couperet et elle dut se réfugier chez un voisin.

Après cela, ils vécurent chacun de leur côté. Elle alla voir le curé, obtint la séparation et la charge des enfants. Elle ne donna à son mari ni argent, ni nourriture, ni logement ; et il dût s'enrôler parmi les hommes du shérif. C'était un petit ivrogne voûté, maigre, au visage blanc, à la moustache blanche, aux sourcils blancs, et ceux-ci dessinés au-dessus de ses petits yeux striés de rouge et à vif ; et toute la journée il restait assis dans le bureau du bailli, attendant qu'on lui donne quelque chose à faire. Mme. Mooney, qui avait retiré ce qui restait de son argent de la boucherie et ouvert une pension de famille dans Hardwick Street, était une grande femme imposante. Sa pension recevait des hôtes de manière passagère : des touristes de Liverpool et de l'île de Man et, à l'occasion, des artistes de music-hall. Mais la majeure partie de sa clientèle était composée d'employés de la ville. Elle dirigeait la pension habilement et fermement, savait à quel moment faire crédit, à quel moment être sévère et quand fermer les yeux. Tous les jeunes pensionnaires la désignaient sous le nom de « la dame ».

Les pensionnaires de Mme. Mooney payaient quinze shillings par semaine pour le logement et la nourriture (bière ou stout non compris). Ils avaient les mêmes gouts, les mêmes occupations et cela créait entre eux une grande amitié. Ils discutaient les uns avec les autres des chances des favoris ou des hôtes de passage. Jack Mooney, le fils de la dame, employé d'un commissionnaire dans Fleet Street, avait la réputation d'être un cas difficile. Il aimait employer le langage obscène des soldats, et généralement rentrait chez lui au petit matin. Lorsqu'il rencontrait ses amis, il avait toujours quelque chose à leur raconter et croyait toujours avoir le bon tuyau, c'est-à-dire le cheval qui allait gagner ou alors l'artiste à la mode. Il était très à l'aise avec le fait de se servir de ses poings et chantaient des chansons comiques. Souvent, le dimanche soir on se réunissait dans le salon de Mme. Mooney. Les artistes de music-hall voulaient bien y participer et Sheridan jouait des valses, des polkas et improvisait des accompagnements. Polly Mooney, la fille de la dame, chantait aussi. Elle chantait :

Je suis une vilaine fille.
Vous n'avez pas besoin de faire semblant :
Vous le savez bien

Polly était une mince jeune fille de dix-neuf ans ; elle avait les cheveux doux et légers et une petite bouche charnue. Ses yeux gris avec une nuance de vert avaient une façon de regarder en l'air lorsqu'elle parlait, ce qui la faisait ressembler à une petite madone perverse. Mme. Mooney avait d'abord envoyé sa fille travailler en tant que dactylographe dans le bureau d'un négociant en grains, mais, comme un des hommes du shérif de mauvaise réputation, venait tous les deux jours au bureau pour dire deux mots à sa fille, Mme. Mooney l'avait reprise chez elle et l'occupait avec du ménage. Etant vive et gaie, il a été décidé que Polly s'occuperait des jeunes gens. En outre, les jeunes gens aiment sentir autour d'eux la présence d'une jeune femme. Bien sûr, Polly flirtait avec les jeunes hommes, mais Mme Mooney, en juge avisée, savait que ces jeunes gens ne faisaient que passer le temps : aucun d'entre eux n'avaient de sérieuses intentions. Pendant longtemps, les choses allèrent ainsi et Mme Mooney pensait à renvoyer Polly à la dactylographie lorsqu'elle remarqua qu'il se passa quelque chose entre Polly et l'un des jeunes hommes. Elle surveilla le couple et demeura calme.

Polly savait qu'on l'observait, cependant elle ne pouvait pas se méprendre sur le silence persistant de sa mère. Il n'y avait eu aucune complicité avouée entre la mère et la fille, aucune entente explicite, et bien que les pensionnaires commençassent à parler de l'affaire, Mme Mooney n'intervenait pas. Polly commença à devenir un peu étrange dans ses manières et le jeune homme paraissait troublé. Enfin, jugeant le moment venu, Mme Mooney intervint. Elle s'occupait des problèmes moraux comme le couperet traite la viande, et, en l'occurrence, elle avait pris sa décision.

C'était un beau dimanche matin au début de l'été, la journée promettait d'être chaude, mais avec une brise fraîche. Toutes les fenêtres de la pension étaient ouvertes et les rideaux de dentelle s'envolaient légèrement du côté de la rue au-dessous des châssis relevés des fenêtres à guillotine. Du beffroi de l'église Saint-Georges partaient constamment des carillons et les fidèles, seuls ou en groupes, traversaient la petite place circulaire devant l'église, révélant leur destination par leur attitude réservée non moins qu'aux petits volumes qu'ils tenaient dans leurs mains gantées. A la pension, le petit-déjeuner était terminé et la table de la salle à manger restait couverte d'assiettes sur lesquelles se trouvaient des trainées de jaune d'œuf, des restes de lard et de couenne. Mme Mooney assise dans son fauteuil d'osier, surveilla Mary, la bonne qui débarrassait la table du petit-déjeuner. Elle lui faisait ramasser les miettes et les croûtons de pain destinés au pudding du mardi. Une fois la table débarrassée, les croûtons ramassés, le sucre et le beurre sous clef, elle mit à se remémorer l'entretien qu'elle avait eu la veille au soir avec Polly. Les choses étaient comme elle les pensait être ; elle avait été franche dans ses questions et Polly non moins franche dans ses réponses. Bien-sûr, les deux étaient quelque peu gênées. Elle avait été gênée parce qu'elle ne voulait pas avoir l'air de recevoir la nouvelle de façon trop dégagée ni sembler trop complaisante. Quant à Polly, non seulement des allusions de ce genre la gênaient toujours, mais aussi parce qu'elle ne voulait pas qu'on la pense capable, dans sa sage innocence, d'avoir deviné les intentions de sa mère sous son apparente tolérance.

Mme Mooney jeta un coup d'œil instinctivement à la petite pendule dorée sur la cheminée, sitôt qu'à travers sa rêverie elle se rendit compte que les cloches de Saint-Georges avaient cessé de sonner. Il était onze heures dix-sept, elle aurait largement le temps pour régler l'affaire avec Mr. Doran et d'être dans Malbourough Street à midi pile. Elle était sûre de gagner. Tout d'abord, elle avait tout le poids de l'opinion sociale de son côté : elle était une mère outragée. Elle l'avait laissé vivre sous son toit, présumant qu'il était un homme d'honneur et il avait tout simplement abusé de son hospitalité. Agé de trente-quatre à trente-cinq ans, la jeunesse non plus d'ailleurs que l'ignorance ne pouvaient donc être utilisées comme excuse, car il devait avoir quelque expérience du monde. Il avait profité de jeunesse et de l'innocence de Polly, cela était évident. La question était : comment ferait-il amende honorable ?

Dans tels cas, le devoir est de réparer la faute. Pour l'homme, c'est fort facile : il peut aller son chemin comme si rien n'était, ayant eu son moment de plaisir, mais la femme, elle, doit en subir les conséquences. Certaines mères se contenteraient d'une somme d'argent pour raccommoder ces sortes d'accidents ; elle connaissait des cas. Mais elle ne le ferait pas. Pour elle, une seule réparation pouvait compenser la perte de l'honneur de sa fille : le mariage.

Elle s'assura encore des atouts qu'elle avait dans son jeu avant d'envoyer Mary prévenir Mr. Doran qu'elle désirait lui parler. Elle se sentait sûre de gagner. Le jeune homme était sérieux, non dissolu ni bruyant comme les autres. Avec Mr. Sheridan, Mr. Meade, Bantam Lyons, sa tâche eût été bien plus ardue. Elle ne pensait pas qu'il aurait la force de supporter un scandale. Tous les pensionnaires de la maison étaient quelque peu au courant de l'histoire ; même certains d'entre eux avaient inventé des détails. D'ailleurs, il travaillait depuis treize ans dans le bureau d'un important marchand de vin catholique, un scandale signifierait peut-être pour lui la perte de son emploi. Au contraire, s'il acceptait, tout pourrait s'arranger. Elle le soupçonnait de se faire de jolis mois chez le patron, d'avoir, comme on dit, du foin dans ses bottes.

Presque la demie ! Elle se leva et se regarda dans la glace à trumeau. L'expression décisive de son large visage épanoui la satisfit et elle pensait à certaines mères qui n'arrivaient pas à se débarrasser de leurs filles.

Ce dimanche matin, en vérité, Mr. Doran se sentait très anxieux. Il avait fait deux tentatives de rasage, mais sa main était si mal assurée qu'il dut y renoncer. Une barbe roussâtre de trois jours frôlait ses mâchoires et toutes les deux minutes ses lunettes s'embuaient, de sorte qu'il devait les enlever et les essuyer avec son mouchoir. Le souvenir de sa confession de la veille lui causait une douleur aiguë ; le prêtre lui avait soutiré jusqu'aux détails les plus ridicules de cette affaire, et à la fin, avait tellement amplifié son péché qu'il était presque reconnaissant d'avoir obtenu un espoir de rémission. Le mal était fait. Que pouvait-il faire à part l'épouser ou s'enfuir ? Il n'osait pas payer d'audace. On ne manquerait pas d'en parler et son employeur ne manquerait pas d'en entendre parler. Dublin est une si petite ville ; tout le monde connaît les affaires de tout le monde. Il sentit son cœur bondir dans sa gorge tandis qu'il entendit dans son imagination exaltée le vieux Léonard crier d'une voix rauque : « Envoyez-moi Mr. Doran s'il-vous-plaît. »

Toutes ces longues années de service gaspillées ! Son zèle, son assiduité au travail, sacrifiés ! Jeune homme, il avait semé de l'avoine ; il s'était vanté de sa liberté de penser et avait nié l'existence de Dieu devant ses compagnons, dans les bistrots. Mais tout cela était passé maintenant ! ou presque. Il continuait à acheter un numéro du Reynolds Newspaper chaque semaine, mais il s'acquittait de ses devoirs religieux et menait une vie régulière les neuf dixièmes de l'année. Il ne manquait pas d'argent pour s'établir ; ce n'était pas la question. Mais la famille la mépriserait. Tout d'abord, il y avait son père peu respectable, ensuite la mère dont la pension commençait à avoir d'une certaine réputation. Il avait l'impression qu'on le roulait. Il pouvait imaginer ses amis en train de parler de la chose en se moquant. Elle était un peu vulgaire et cela se trahissait par certaines erreurs de syntaxe et de prononciation. Mais quelle importance avait la grammaire s'il l'aimait vraiment ? Il n'arrivait pas à savoir s'il devait l'aimer ou la mépriser pour ce qu'elle avait fait. Bien sûr, lui aussi était en cause. Son instinct le pousser à rester libre, de ne pas se marier. Une fois marié, c'était terminé, dit-il.

Tandis qu'il était assis impuissant sur le côté du lit, en pantalon et en chemise, elle frappa légèrement à sa porte et entra. Elle lui dit tout ; qu'elle avait avoué à sa mère et que celle-ci avait l'intention de lui parler le matin même. Elle pleura et lui jeta les bras autour du cou en disant :

- Oh Bob ! Bob ! Que dois-je faire ?

Elle mettrait fin à ses jours, disait-elle.

Il la réconforta du mieux qu'il pouvait, lui disant de ne pas pleurer, de ne pas avoir peur, que tout s'arrangerait. Il sentait contre sa chemise l'agitation de la poitrine de la jeune fille.

Ce qui venait de se passer n'était pas entièrement de sa faute. Il se souvenait bien, avec la mémoire curieuse et patiente propre au célibataire, des premières caresses fortuites, que lui avaient donnés sa robe, son souffle, ses doigts. Puis une nuit, très tard, alors qu'il se déshabillait pour aller se coucher, elle avait frappé timidement à sa porte. Elle voulait rallumer sa bougie à la sienne car elle avait été éteinte par un coup de vent. C'était sa nuit de bain. Elle portait une camisole lâche en flanelle imprimée. Son cou-de-pied blanc brillait dans l'ouverture de ses pantoufles et le sang jouait derrière sa peau parfumée. De ses mains, de ses poignets aussi, tandis qu'elle allumait et stabilisait sa bougie, un léger parfum se dégageait.

Les nuits où il rentrait très tard, c'était elle qui réchauffait son dîner. Il savait à peine ce qu'il mangeait, la sentant si près de lui seule, dans la pension endormie. Et sa prévenance ! Si la nuit était tant froide ou humide, s'il y avait du vent, il était sûr de trouver un petit gobelet de punch pour lui. Peut-être pourraient-ils être heureux ensemble...

Ils avaient l'habitude de monter à l'étage ensemble sur la pointe des pieds, chacun avec une bougie, et sur le troisième palier, ils se souhaitaient bonne nuit, avec regret. Ils s'embrassaient. Il se rappelait bien ses yeux, le contact de sa main et de l'enivrement qui l'envahissait.

Mais l'enivrement passa. Il répéta ce qu'elle venait de lui dire, l'appliquant à lui-même : « Que dois-je faire ? » L'instinct du célibat l'avertit de se tenir à l'écart. Mais le péché était commis ; même son sens de l'honneur lui disait que pour un tel péché, il devait faire amende honorable.

Tandis qu'il était assis avec elle sur le bord du lit, Mary se présenta à la porte et dit que madame attendait monsieur au salon. Il se leva pour mettre son gilet et son veston, plus impuissant que jamais. Quand il fut habillé, il s'approcha d'elle pour la réconforter. Tout irait bien, il ne fallait pas avoir peur. Il la laissa pleurant sur son lit et gémissant doucement : « Oh mon Dieu ! »

En descendant les escaliers, ses lunettes s'embuèrent à tel point qu'il dut les retirer pour les essuyer. Il désirait traverser le toit et s'envoler vers un nouveau pays où il n'entendrait plus jamais parler de ses ennuis, et pourtant, de marche en marche, une force le poussait à descendre. Les visages implacables de son employeur et de la patronne contemplaient son désarroi. Au dernier étage, il croisa Jack Mooney qui revenait de l'office serrant dans ses mains deux bouteilles de stout. Ils se saluèrent froidement ; et les yeux de l'amant se posèrent un petit moment sur un visage de bouledogue, une paire de bras courts et trapus. Quand il atteignit le bas de l'escalier, il leva les yeux et vit Jack qui, depuis la porte de l'entresol, le suivait du regard.

Soudain, il se souvint d'une nuit où, un des artistes du music-hall, un petit blond londonien, avait fait des avances à Polly. La réunion a failli être interrompue à cause de la fureur de Jack. Tout le monde essaya de le calmer. L'artiste du music-hall, un peu plus pâle que d'habitude, continuait à sourire disant qu'il n'avait aucune mauvaise intention ; mais Jack ne cessait de lui crier que si quelqu'un jouait à ce genre de jeu avec sa sœur il lui ferait rentrer les dents dans la gorge, et il le ferait.

Polly resta assise un moment sur le bord du lit à pleurer. Puis elle s'essuya les yeux et se dirigea vers le miroir. Elle trempa le bout d'une serviette dans le pot à eau et se rafraîchit les yeux à l'eau froide. Elle se regarda de profil et fixa une épingle à cheveux au-dessus de son oreille. Puis elle retourna s'asseoir au pied du lit. Elle contempla un long moment les oreillers et leur vue éveilla dans son esprit des souvenirs aimables et intimes. Elle reposa sa nuque contre les barreaux froids de son lit et se mit à rêvasser. Il n'y avait plus aucun signe d'agitation visible sur son visage.

Elle attendit patiemment, presque gaiement, elle n'avait pas peur ; ses souvenirs laissaient place peu à peu aux espérances, aux visions d'avenir. Ses espérances et visions étaient si complexes qu'elle ne voyait plus les oreillers blancs sur lesquels son regard était fixé, ne se souvenait plus qu'elle attendait quelque chose.

Enfin, elle entendit sa mère l'appeler. Elle bondit et couru vers la rampe.

- Polly, Polly !
- Oui, maman.
- Descends, ma chérie. Mr. Doran veut te parler.

Puis elle se souvint ce qu'elle attendait.

UN PETIT NUAGE

Huit ans auparavant, il avait dit au revoir à son ami à la gare de North Wall et lui avait souhaité bon voyage. Gallaher avait fait du chemin. Cela se voyait tout de suite par son air de voyageur, à son complet de tweed bien taillé et à l'assurance de son parler. Peu d'hommes avaient ses capacités et encore moins étaient capables de rester aussi modestes face au succès. Gallaher avait le cœur bien placé et il avait mérité de réussir. C'était précieux d'avoir un ami tel que lui.

Dès l'heure du déjeuner, le petit Chandler pensait à sa rencontre avec Gallaher, l'invitation de Gallaher, et la grande ville de Londres où Gallaher vivait. On l'appelait le petit Chandler, bien qu'il soit légèrement en dessous de la moyenne, il donnait l'impression d'être un petit homme. Ses mains étaient blanches et petites, sa carrure fragile, sa voix douce et ses manières raffinées. Il prenait le plus grand soin de sa moustache et de ses cheveux blonds et soyeux et parfumait discrètement son mouchoir. Ses ongles avaient des lunules parfaites et son sourire laissait apparaître une rangée de dents blanches et enfantines.

Tandis qu'il était assis à son bureau au King's Inns, il pensait aux changements que ces huit dernières années avaient apportés. Cet ami qu'il avait connu dans le besoin et en difficulté, était devenu une des figures brillantes de la presse londonienne. A plusieurs reprises, il se détournait de son écriture fastidieuse pour regarder par la fenêtre de son bureau. La lueur d'un coucher de soleil de fin automne couvrait les pelouses et les allées. Il éclairait d'une lumière dorée les infirmières peu soignées et les vieillards décrépits qui sommeillaient sur les bancs ; il étincelait sur toutes les formes mouvantes : les enfants qui couraient en criant sur le gravier des allées, les promeneurs qui s'attardaient dans les jardins. Il regarda cette scène et pensa à la vie ; et comme toujours, penser à la vie le rendait triste. Une douce mélancolie s'empara de lui. Il sentait combien il était inutile de lutter contre le destin ; qui était la sagesse pesante que lui avait léguée l'expérience des siècles.

Il se souvenait des livres de poésie sur ses étagères à la maison. Il les avait achetés lorsqu'il était garçon et souvent le soir, alors qu'il était assis dans la petite chambre attenant au vestibule, il avait été tenté d'en prendre un de l'étagère et d'en lire quelques extraits à sa femme. Mais la timidité l'avait toujours retenu, et les livres étaient restés sur l'étagère. Parfois, il se répétait certaines lignes et cela le consolait.

Lorsque l'heure de son départ eut sonné, il se leva et pris ponctuellement congé de son bureau et de ses collègues. Sa modeste figure soignée, sortit de la voûte féodale et descendit rapidement Henrietta Street. Le coucher de soleil doré s'estompait et l'air était devenu vif. Une bande d'enfants sales peuplait la rue. Ils se tenaient debout ou couraient sur la chaussée, ou rampaient sur les marches devant les portes grandes ouvertes, ou se blottissaient comme des souris, sur les seuils. Le petit Chandler ne s'en soucia point. Il se fraya un chemin habilement à travers toute cette petite vermine, à l'ombre des hautes demeures spectrales où la vieille noblesse avait mené une belle vie. Aucun souvenir du passé ne le touchait car son esprit était rempli d'une joie présente.

Il n'était jamais allé chez Corless, mais il connaissait sa réputation. Il savait que les gens y allaient après le théâtre, manger des huîtres et boire des liqueurs, et il avait entendu dire que les serveurs y parlaient français et allemand. Lors de ces rapides promenades nocturnes, il avait vu devant les portes des taxis s'arrêter, des femmes richement vêtues, en descendre, escortées par leur cavalier et entrer rapidement dans l'établissement. Elles portaient des robes bruissantes et des manteaux très épais. Leurs visages étaient poudrés et elles relevaient leurs robes, lorsqu'elles touchaient le sol, comme des Atalantes apeurées. Il était toujours passé sans se retourner. Il avait l'habitude de marcher rapidement dans la rue, même le jour, et lorsqu'il se trouvait dans la rue à une heure tardive, il se dépêchait tout en étant craintif et nerveux. Cependant, parfois, il courtisait les causes de sa crainte. Il choisissait les rues les plus sombres et le plus étroite, et tandis qu'il avançait hardiment, le silence qui se répandait autour de lui et les ombres errantes et silencieuses le troublaient et parfois le bruit fugitif d'un rire étouffé le faisait trembler comme une feuille.

Il tourna à droite vers Capel Street. Ignatius Gallaher dans la presse londonienne ! Qui l'aurait cru huit ans plus tôt ? Pourtant, maintenant qu'il évoquait le passé, le petit Chandler pouvait se rappeler de nombreux indices précurseurs de la future grandeur de son ami. Les gens avaient l'habitude de dire qu'Ignatius Gallaher était fou. Bien sûr, il était mêlé dans ce temps-là à un groupe de noceurs ; il buvait librement et empruntait de l'argent de tous les côtés. A la fin, il avait été mêlé à une affaire louche, à quelque transaction d'argent : c'était du moins une des versions qui s'était répandu lors de sa fuite. Mais personne ne niait qu'il avait du talent. Il y avait toujours quelque chose chez Ignatius Gallaher qui vous impressionnez malgré vous. Même lorsqu'il était à court de ressources et de moyens pour obtenir de l'argent, il faisait bonne figure. Le petit Chandler se souvint (et ce souvenir lui apporta une légère bouffée de fierté au visage) d'un mot de Gallaher lorsque celui-ci se sentait coincé :

- Minute, les amis, disait-il avec légèreté, où est mon chapeau à pensées ?

C'était Ignatius Gallaher dans toute sa splendeur, et bon sang, on ne pouvait que l'admirer.

Le petit Chandler pressa le pas. Pour la première fois de sa vie, il se sentait supérieur aux gens qu'il croisait. Pour la première fois, son âme se révolta contre la terne inélégance de Capel Street. Il n'y avait aucun doute là-dessus, si l'on voulait réussir, il fallait partir. Il n'y a rien à faire à Dublin. Alors qu'il traversa le Grattan Bridge, il jeta un coup d'œil à la rivière vers les quais inférieurs et eut pitié des pauvres maisons rabougries. Elles lui faisaient penser à une bande de chemineaux entassés le long des rives, leurs vieux manteaux couverts de poussière et de suie, comme stupéfaits par le panorama du coucher du soleil et attendant le premier froid de la nuit pour les faire se lever, se secouer et partir. Il se demanda s'il saurait écrire un poème pour exprimer son idée. Peut-être que Gallaher réussirait à le faire publier dans un quelconque journal de Londres. Arriverait-il écrire à quelque chose d'original ? Il n'était pas sûr de l'idée qu'il désirait exprimer, mais la pensée d'avoir été touché par la poésie prit vie en lui comme un espoir naissant. Il poursuivit son chemin courageusement.

Chaque pas le rapprochait de Londres, l'éloignait de sa vie monotone et dépourvue d'art. A l'horizon de son esprit, une lumière parut, vacillante. Il n'était pas si vieux : trente-deux ans. On pourrait dire que son tempérament peut être considéré comme touchant la maturité. Il y avait tant d'impressions et de sentiments différents qu'il désirait exprimer en vers. Il les sentait en lui. Il essaya de peser son âme pour voir si c'était l'âme d'un poète. Il pensait que la mélancolie était prédominant dans son caractère, mais c'était une mélancolie tempérée par des retours à la foi, à la résignation et de joie pure. S'il pouvait exprimer ce sentiment dans un recueil de poèmes, peut-être que le monde l'écouterait. Jamais il ne serait populaire : il l'avait bien vu. Il serait incapable d'influencer la foule, mais il pourrait toucher un petit cercle d'esprits semblables au sien. Les critiques anglais le reconnaîtraient peut-être pour un adepte de l'école celte à cause du ton mélancolique de ses poèmes ; en outre, il y ferait des allusions. Il commença à rédiger les phrases exactes des articles que son livre inspirerait. *M. Chandler a le don du vers faciles et gracieux. Une mélancolie nostalgique imprègne ses poèmes.* La « note celte ». Il était dommage que son nom ne sonne pas plus Irlandais. Peut-être vaudrait-il mieux ajouter le nom de famille de sa mère avant le sien : Thomas Malone Chandler ou mieux encore T. Malone Chandler. Il en parlerait à Gallaher.

Il poursuivait sa rêverie avec tant d'ardeur qu'il traversa la rue et dut faire demi-tour. Comme il s'approchait de chez Corless, l'inquiétude s'empara à nouveau de lui et il s'arrêta devant la porte, indécis. Finalement, il l'ouvrit et entra.

La lumière et le bruit qui venaient du bar l'arrêtèrent un moment sur le seuil. Il regarda autour de lui, mais les reflets verts et rouges de nombreux verres à vin lui brouillaient la vue. Le bar lui parut bondé et il sentit que les gens l'observaient avec curiosité. Il jeta rapidement un coup d'œil à droite, à gauche, fronçant légèrement les sourcils pour paraître plus sûr de lui ; mais quand il commença à y voir plus clair, il s'aperçut que personne ne s'était retourné pour le regarder ; et là, se trouvait Ignitus Gallaher en personne, le dos contre le comptoir, bien planté sur ses pieds.

- Salut, Tommy, vieux brave, te voilà ! Qu'est-ce-que tu prends ? Moi, je prends du whisky, meilleure chose qui se boit. Soda ? Lithia ? Pas d'eau minérale ? Je suis comme toi. Ça gâche le goût. Tiens, garçon, apportez-nous deux demi-malt whisky. Et comment tu t'en sors depuis que je ne t'ai vu ? Mon Dieu, comme nous vieillissons ! Me trouves-tu vieilli ? Hein ? Quoi ? Le crâne un peu gris et clairsemé, quoi ?

Ignatius Gallaher ôta son chapeau et découvrit une grosse tête aux cheveux coupé court. Son visage lourd était pâle et bien rasé. Ses yeux, d'un bleu ardoise, éclairaient sa pâleur malsaine et brillaient nettement plus que la cravate orange vif qu'il portait. Entre ces tons rivaux, les lèvres semblaient très longues, informes et incolores. Il baissa la tête et effleura avec deux doigts compatissants les fins cheveux qui lui recouvraient la tête. Le petit Chandler fit un signe de tête de dénégation. Ignatius Gallaher remit son chapeau.

- Cette vie de journaliste, ça vous tire vers le bas, dit-il. Toujours se dépêcher, se hâter, à la recherche de la copie pour souvent ne pas en trouver. Et puis, toujours avoir quelque chose de nouveau. Maudit soient ces quelques jours avec les épreuves et les imprimeries ! Je suis terriblement content, je t'assure, de retourner au pays. Cela fait du bien, un peu de vacances. Je me sens bien mieux depuis que j'ai débarqué dans ce sale cher Dublin... Voilà Tommy. De l'eau ? Tu me diras.

Le petit Chandler le laissa diluer fortement son whisky.

- Tu ne sais pas ce qui est bon, mon vieux, dit Ignatius Gallaher, je bois le mien sec.

- En général, je bois très peu, dit modestement le petit Chandler, un demi-verre de temps en temps lorsque je retrouve un des vieux copains, c'est tout.

- Eh bien, dit joyeusement Ignatius Gallaher, à notre santé, au bon vieux temps et aux vieilles amitiés.

Ils trinquèrent et bu leurs verres.

- J'ai rencontré quelqu'un de la bande aujourd'hui, dit Ignatius Gallaher. O'Hara semble être dans une mauvaise situation. Que fait-il ?

- Rien, répondit le petit Chandler, cet homme est fichu. Mais Logan a une bonne situation, n'est-ce-pas ?

- Oui, il est au Land Commission. Je l'ai rencontré à Londres un soir, il semblait en forme... Pauvre O'Hara, je suppose que c'est la boisson...

- Oui, d'autres choses aussi, dit le petit Chandler sèchement.

Ignatius Gallaher se mit à rire.

- Tommy, dit-il, je vois que tu n'as pas changé d'un poil. Tu es la même personne sérieuse qui me sermonnait le dimanche matin quand j'avais mal à la tête et la langue empâtée. Tu as besoin de voyager un peu. N'es-tu jamais parti, même pour une excursion ?

- Je suis allé à l'île du Man, dit le petit Chandler.

Ignatius Gallaher se remit à rire.

- L'île du Man ! dit-il, va à Londres ou à Paris. A Paris plutôt. Cela te ferait du bien.

- Tu connais Paris ?

- Plutôt oui ! J'ai y pas mal roulé.

- Est-ce vraiment si beau qu'on le dit ? demanda le petit Chandler.

Il sirota un peu de sa boisson tandis qu'Ignatius Gallaher vida son verre d'un trait.

- Beau ? dit Ignatius Gallaher, s'arrêtant sur le mot et sur le goût de sa boisson. Ce n'est pas si beau, tu sais. Bien sûr que ça l'est... Mais c'est la vie de Paris qui compte. Ah ! Il n'y a pas de ville comme Paris pour la gaieté, le mouvement, l'animation...

Le petit Chandler finit son whisky et, non sans peine, parvint à attirer l'attention du barman. Il commanda un second verre de whisky.

- Je suis allé au Moulin Rouge, continua Ignatius Gallaher, lorsque le barman eut débarrassé leurs verres et j'ai été dans tous les cafés bohèmes. Des trucs douteux ! Pas pour quelqu'un d'aussi pieux que toi Tommy.

Le petit Chandler se tut jusqu'à ce que le barman revienne avec les deux verres ; puis il toucha délicatement le verre de son ami avec le sien et lui rendit le toast. Il commençait à se sentir quelque peu déçu. Le ton de Gallaher et sa façon de s'exprimer ne lui plaisaient pas. Il y avait quelque chose de vulgaire chez son ami qu'il n'avait pas encore remarqué. Mais peut-être n'était-ce que le résultat de sa vie à Londres, au milieu de l'agitation et de la concurrence de la presse. Le vieux charme personnel était toujours présent sous ses nouvelles manières tapageuses. Et, après tout, Gallaher avait vécu, il avait vu le monde. Le petit Chandler regarda son ami avec envie.

- Tout à Paris est joyeux, dit Ignatius Gallaher, ils aiment vivre et ils n'ont-ils pas raison ? Si tu veux vraiment profiter de la vie, tu dois aller à Paris. Et crois-moi, ils ont une grande sympathie pour les Irlandais. Quand ils ont appris que j'étais irlandais, ils m'ont bien accueilli.

Le petit Chandler but quelques gorgées de son verre.

- Dis-moi, demanda-t-il, est-il vrai que Paris est aussi... immoral qu'on le dit ?

Ignatius Gallaher fit un signe de croix de la main droite.

- L'immoralité est partout, dit-il, bien sûr à Paris on en trouve de délicieuses. Va à un bal d'étudiants par exemple. C'est animé, quand les cocottes commencent à se lâcher. Tu sais ce que c'est je suppose ?

- J'en ai entendu parler, dit le petit Chandler.

Ignatius Gallaher bu son whisky et secoua la tête.

- Ah ! dit-il, on peut dire ce que l'on veut mais il n'y a que la Parisienne pour l'entrain et le chic !

- Alors, c'est une ville immorale, insista le petit Chandler timidement, comparée à Londres ou à Dublin ?

- Londres ! dit Ignatius Gallaher. C'est cinquante cinquante. Demande à Hogan, je lui ai fait visiter de bons coins quand j'y étais. Il t'ouvrira les yeux... Dis donc, Tommy, ne traite pas ton whisky comme un verre de punch. Vide ton verre.

- Non, vraiment...

- Allons, un autre verre ne te fera pas de mal. Qu'est-ce-que tu prends ? Le même, je suppose ?

- Eh bien... d'accord.

- François, encore un ! Veux-tu fumer Tommy ?

Igniatius Gallaher tira son étui à cigares. Les deux amis allumèrent leurs cigares et fumèrent en silence jusqu'à ce que leurs whiskys leur soient servis.

- Je vais te donner mon avis, dit Ignatius Gallaher, émergeant après un moment d'un épais nuage de fumée derrière lequel il s'était réfugié. C'est un drôle de monde. Tu parles d'immoralité. J'ai entendu des histoires à ce sujet. Que dis-je ? J'en ai vu des cas d'immoralité !

Ignatius Gallaher, pensif, tira quelques bouffées de son cigare, puis d'un ton calme d'historien, il se mit à dessiner pour son ami quelques tableaux de cette corruption qui sévissait à l'étranger. Il énuméra les vices de bien des capitales et semblait enclin à décerner la palme à Berlin. Il ne pouvait pas garantir certaines choses (il l'avait appris par ses amis), mais pour d'autres, il en avait fait l'expérience personnellement. Il n'épargnait ni rang ni caste. Il révéla le secret de nombreuses communautés religieuses sur le continent et décrivit quelques-unes des pratiques à la mode dans la haute société. Il finit par raconter en détails l'histoire d'une duchesse anglaise, histoire qu'il savait vraie. Le petit Chandler était surpris de ce qu'il entendait.

- Eh bien, dit Ignatius Gallaher, nous voici dans ce bon vieux Dublin où on ne connaît rien de ce genre de choses.

- Comme tu dois le trouver ennuyeux après tous les endroits que tu as vus ! dit le petit Chandler.

- Eh bien, dit Ignatius Gallaher, c'est un repos de venir ici, tu sais. Et après tout, c'est le vieux pays, comme on dit, n'est-ce pas ? On ne peut pas s'empêcher d'avoir un certain sentiment pour lui. C'est la nature humaine... Mais parlons de toi. Hogan m'a dit que tu as... goûté aux joies conjugales. Depuis deux ans, n'est-ce pas ?

Le petit Chandler rougit et sourit.

- Oui, dit-il, je me suis marié, il y a eu un an au mois de mai.

- J'espère qu'il n'est pas trop tard pour te souhaiter mes meilleurs vœux, dit Ignatius Gallaher, je ne connaissais pas ton adresse sinon je l'aurais fait à l'époque.

Il tendit sa main que le petit Chandler prit dans la sienne.

- Eh bien, Tommy, dit-il, je te souhaite à toi et aux tiens toutes les joies du monde, mon vieux, des tonnes d'argent, et puissiez-vous ne jamais mourir avant que je vous tue. Voilà le souhait d'un sincère vieil ami. Tu le sais, n'est-ce pas ?

- Je le sais, dit le petit Chandler.

- Des gamins ? dit Ignatius Gallaher.

Le petit Chandler rougit de nouveau.

- Nous avons un enfant, dit-il.
- Un garçon ou une fille ?
- Un petit garçon.

Ignatius Gallaher donna une solide tape dans le dos de son ami.

- Bravo, dit-il, je ne doute pas de toi, Tommy.

Le petit Chandler sourit, regarda son verre avec confusion et se mordit la lèvre inférieure avec trois de ses blanches dents d'enfant.

- J'espère que tu passeras une soirée avec nous, dit-il, avant que tu partes. Ma femme sera ravie de te rencontrer. Nous pourrons faire un peu de musique et...

- Merci beaucoup, mon vieux, dit Ignatius Gallaher, je regrette que nous ne nous soyons pas retrouvés plus tôt, mais je dois repartir demain soir.

- Ce soir, peut-être ?...

- Je suis vraiment désolé, mon vieux. Tu comprends, je suis ici avec un autre gars, un jeune homme intelligent, et nous avons organisé une partie de cartes pour ce soir. Si ce n'était cela...

- Oh ! dans ce cas...

- Mais qui sait ? corrigea Ignatius Gallaher, je pourrai peut-être l'année prochaine faire un saut ici maintenant que nous avons repris contact. Ce n'est que partie remise.

- Très bien, dit le petit Chandler, la prochaine fois que tu viendras nous passerons une soirée ensemble. C'est entendu, n'est-ce pas ?

- Oui c'est entendu, dit Ignatius Gallaher, l'année prochaine, si je viens, parole d'honneur.

- Et pour conclure le marché, dit le petit Chandler, buvons un dernier verre !

Ignatius Gallaher sortit de sa poche une grosse montre en or et la regarda.

- Le dernier, alors, parce que tu sais, j'ai un rendez-vous...

- Oh oui, certainement ! dit le petit Chandler.

- Très bien, dit Ignatius Gallaher, buvons un coup pour clore la soirée ; c'est un bon terme pour un petit whisky, je crois.

Le petit Chandler commanda les boissons. La rougeur qui lui était montée au visage quelques instants auparavant s'y étendait. Un rien le faisait rougir à tous moments, et maintenant il avait très chaud et se sentait en train. Trois petits whiskys lui étaient montés à la tête et le fort cigare de Gallaher l'avait déconcerté, car c'était une personne délicate et abstinente. Le fait de rencontrer de Gallaher après huit ans, de se retrouver avec Gallaher chez Corless, entourés de lumière et de bruit, d'écouter les histoires de Gallaher et de partager pendant un court instant de son existence, vagabonde et triomphante, bouleversait l'équilibre de sa nature sensible. Il ressentait avec acuité le contraste entre sa propre vie et celle de son ami et cela lui paraissait injuste. Gallaher était son inférieur de naissance et d'éducation. Il était sûr de pouvoir faire mieux que son ami n'avait jamais fait ou ferait jamais ; de s'élever, si seulement il en avait l'occasion, à quelque chose de plus grand que le journalisme tapageur. Qu'est-ce qui l'en empêchait ? Sa fâcheuse timidité. Il voulait, d'une manière ou d'une autre, affirmer sa virilité. Il comprit ce qui avait poussé Gallaher à refuser son invitation. Gallaher jouait au protecteur en l'honorant de son amitié, comme il le faisait envers l'Irlande en l'honorant de sa visite.

Le barman apporta les boissons. Le petit Chandler poussa un verre vers son ami et pris l'autre bravement.

- Qui sait ? dit-il en levant leurs verres. Quand tu viendras l'année prochaine, j'aurai peut-être le plaisir de souhaiter longue vie et bonheur à M. et Mme Ignatius Gallaher.

Ignatius Gallaher, qui était sur le point de boire, ferma un œil de manière expressive par-dessus le rebord de son verre. Quand il eut bu, il fit claquer ses lèvres, posa son verre et dit :

- Ne t'en fais pas, mon vieux, je veux d'abord voyager, voir un peu de la vie et du monde avant de me mettre la tête dans le sac, si jamais je le fais.

- Cela arrivera un jour, dit calmement le petit Chandler.

Ignatius Gallaher tourna sur son ami sa cravate orange et ses yeux bleu ardoise.

- Tu crois ? dit-il.

- Tu mettras la tête dans le sac, répéta le petit Chandler avec courage, comme tout le monde, si jamais tu trouves la fille.

Il avait légèrement accentué son ton et comprenait qu'il s'était trahi, mais bien que le rouge de ses joues se fût accentué, il ne fléchissait pas sous le regard de son ami. Ignatius Gallaher l'observa quelques instants puis dit :

- Si jamais cela m'arrive, tu peux parier ton dernier rond que cela se produira sans roucoulement au clair de lune. Je veux dire par là faire un mariage d'argent. Elle aura un bon compte en banque ou elle ne fera pas le mien.

Le petit Chandler secoua la tête.

- Mais, enfin, dit Ignatius Gallaher avec véhémence, sais-tu ce que c'est ? Je n'ai qu'à parler et demain j'aurai la femme et l'argent. Tu ne le crois pas ? Eh bien, moi, je le sais. Il y a des centaines, que dis-je ? des milliers de riches Allemandes et des juives pourries d'argent qui ne seraient que trop heureuses... Attends un peu, mon garçon, tu verras si je ne joue pas mes cartes correctement. Quand je fais quelque chose, j'agis en homme d'affaires, je te dis. Attends un peu.

Il porta son verre à ses lèvres, le vida d'un trait et rit aux éclats. Puis il regarda pensivement devant lui et dit sur un ton plus calme :

- Mais je ne suis pas pressé. Elles peuvent attendre. Je n'ai pas envie de m'attacher à une seule femme, tu sais.

Il imita avec sa bouche l'action de la dégustation et fit la grimace.

- Cela doit être un peu rassis, je pense, dit-il.

Le petit Chandler était assis dans une chambre attenant au vestibule et tenait un enfant dans les bras. Pour économiser de l'argent, ils n'avaient pas de domestique ; mais Monica, la jeune sœur d'Annie, venait une ou deux heures matin et soir pour aider. Mais il y avait longtemps que Monique était partie. Il était neuf heures moins le quart. Le petit Chandler était rentré tard pour le thé et, de plus, il avait oublié d'apporter à Annie le paquet de café de chez Bewley. Evidemment, elle était de mauvaise humeur et lui répondait de manière brève. Elle déclara qu'elle se passerait de thé, mais quand l'heure de la fermeture de la boutique du coin approcha, elle décida qu'elle irait elle-même chercher un quart de livre de thé et deux livres de sucre. Elle lui posa habilement l'enfant endormi dans les bras et dit :

- Tiens. Ne le réveille pas.

Une petite lampe sous un abat-jour de porcelaine blanche était sur la table et éclairait une photographie dans un cadre de corne tournée. C'était le portrait d'Annie. Le petit Chandler le regarda, s'arrêtant à ses lèvres fines et serrées. Elle portait une blouse d'été bleu pâle qu'il lui avait offerte en rentrant à la maison un samedi. Cela lui avait coûté dix shillings et onze pence mais quelle agonie de nervosité il avait supporté ! Comme il avait souffert ce jour-là, attendant devant la porte du magasin jusqu'à ce que celui-ci fut vide, se tenant devant le comptoir et essayant de paraître à son aise pendant que la vendeuse empilait des corsages devant lui ; payant à la caisse et oubliant de reprendre l'unique pièce de monnaie, rappelé par le caissier et enfin s'efforçant de cacher ses joues rouges à la sortie du magasin tout en examinant le paquet pour vérifier qu'il ait bien été ficelé. Quand il lui apporta le corsage, Annie l'embrassa et dit qu'elle le trouvait très joli et élégant mais lorsqu'elle sut le prix de celui-ci, elle le jeta sur la table et déclara que c'était une véritable escroquerie de payer dix shillings et onze pence pour cela. Tout d'abord elle voulut le rapporter, mais lorsqu'elle l'eut essayé, elle en fut ravie, surtout du style des manches, et elle embrassa le petit Chandler, disant qu'il avait été très gentil de penser à elle.

Hum !...

Il regarda froidement les yeux du portrait qui lui répondirent avec la même froideur. Certes, ils étaient jolis et le visage lui-même était joli. Mais il lui trouvait quelque chose de méchant. Pourquoi avait-il l'air si indifférent, si féminin ? Le calme des yeux l'irritait. Ceux-ci le repoussaient, le méprisaient. Il n'y eut en eux aucune passion, aucune envolée. Il pensa à ce que lui avait dit Gallaher à propos des juives riches. Ces yeux sombres d'Orient, pensait-il, sont pleins de passion, de désirs, de voluptés ! Pourquoi avait-il épousé les yeux du portrait ?

Il se ressaisit et jeta un coup d'œil inquiet autour de la chambre. Il trouvait quelque chose de mesquin dans les jolis meubles qu'il avait achetés à crédit pour sa maison. Annie l'avait choisi elle-même : il la lui rappelait. C'était trop pimpant, trop joli. Un ressentiment morne contre sa propre vie s'éveilla en lui. Ne pourrait-il jamais s'échapper de la petite maison ? Était-il trop tard pour tenter de vivre courageusement comme Gallaher ? Pouvait-il aller à Londres ? Les meubles étaient encore à payer. Si seulement il pouvait écrire un livre et le faire publier, cela pourrait peut-être lui ouvrir une voie.

Devant lui, sur la table, traînait un volume de poèmes de Byron. Il l'ouvrit avec précaution de la main gauche pour ne pas réveiller l'enfant et se mit à lire le premier poème :

> *Les vents sont apaisés, le crépuscule est calme,*
> *Pas même un zéphyr n'erre à travers les buissons,*
> *Tandis que je retourne pour voir la tombe de ma Marguerite,*
> *Pour répandre des fleurs sur cette poussière que j'aime !*

Il s'arrêta. Il sentit le rythme des vers dans la chambre. Quelle mélancolie ! Pourrait-il, lui aussi, écrire ainsi, exprimer en vers la mélancolie de son âme ? Il y avait tant de choses qu'il aurait voulu écrire. Par exemple la sensation qu'il avait ressentie quelques heures plus tôt sur Cattan Bridge ! S'il pouvait revenir à cet état d'esprit...

L'enfant se réveilla et se mit à pleurer. Le petit Chandler lâcha la page et essaya de le calmer, mais il refusait de se laisser faire. Il commença par le bercer dans ses bras ; mais ses gémissements devinrent plus aigus. Il la berça plus vite tandis que ses yeux commencèrent à lire la seconde strophe :

Dans ce caveau étroit repose sa forme,
Cette forme où jadis...

C'était inutile. Il ne pouvait pas lire. Il ne pouvait rien faire. Les cris de l'enfant lui perçaient le tympan. C'était inutile, vraiment inutile ! Il était prisonnier pour la vie. Ses bras tremblaient de colère et tout à coup, se penchant sur le visage de l'enfant, il cria :

- Tais-toi !

L'enfant s'arrêta un instant, eut un spasme de peur et se mit à hurler. Le petit Chandler sauta de sa chaise et parcourut la pièce de long en large avec l'enfant dans les bras. Celui-ci se mit à sangloter pitoyablement, perdant son souffle pendant quatre ou cinq secondes, puis éclatant de nouveau. Les cloisons minces de la chambre faisaient écho. Le petit Chandler essaya de l'apaiser mais les sanglots devinrent plus convulsifs. Il regarda le visage contracté et frémissante de l'enfant et commença à s'alarmer. Il compta sept sanglots sans arrêt entre eux et envahi par la peur, il serra l'enfant contre sa poitrine. S'il allait mourir...

La porte s'ouvrit brusquement et une jeune femme se précipita, haletante :

- Qu'est-ce qu'il se passe ? Qu'est-ce qu'il se passe ? cria-t-elle.

En entendant la voix de sa mère, les sanglots de l'enfant atteignirent son paroxysme.

- Ce n'est rien Annie... ce n'est rien... Il s'est mis à pleurer.

Elle jeta ses paquets par terre et lui arracha l'enfant des bras.

- Qu'est-ce que tu lui as fait ? s'écria-t-elle, en le regardant droit dans les yeux, enragée.

Le petit Chandler soutint un instant l'éclat de ses yeux et son cœur se serra face à la haine qu'ils exprimaient. Il se mit à bégayer :

- Ce n'est rien... il... il s'est mis à pleurer... je ne pouvais pas... je n'ai rien fait... Quoi ?

Elle ne prêta aucune attention à ce que disait le petit Chandler et se mit à marcher dans la chambre, serrant étroitement l'enfant dans ses bras et murmurant :

- Mon petit ! Mon petit homme ! Il a eu peur, mon chéri... là, là mon amour... là... Lambabaum ! L'agneau de sa maman... Là, là !

Le petit Chandler sentit ses joues s'imprégner de honte et se retira du cercle lumineux de la lampe. Il écouta les sanglots de l'enfant se calmer peu à peu et des larmes de remords lui montèrent aux yeux.

CORRESPONDANCES

La sonnerie sonna furieusement et, quand Miss Parker prit le récepteur, une voix irritée s'écria avec un fort accent d'Irlande du Nord :

- Envoyez-moi Farrington !

Miss Parker retourna à sa machine à écrire, disant à un homme qui écrivait devant un pupitre :

- M. Alleyne vous demande à l'étage.

L'homme murmura « Que Diable l'emporte » sous son souffle et repoussa sa chaise pour se lever. Levé de sa chaise, il était grand et avait une forte carrure. Il avait le visage flasque, couleur lie de vin, les sourcils blonds tout comme sa moustache. Ses yeux gonflaient légèrement vers l'avant et il avait le blanc de l'œil sale. Il souleva le comptoir et, passant devant les clients, sortit du bureau d'un pas lourd.

Il monta pesamment l'escalier jusqu'au deuxième palier où se trouvait une porte sur laquelle une plaque de métal portait l'inscription : *M. Alleyne*. Là, il s'arrêta, soufflant de fatigue et d'énervement et frappa. La voix perçante s'écria :

- Entrez !

L'homme entra dans le bureau de M. Alleyne. Au même moment, M. Alleyne, un petit homme qui portait des lunettes cerclées d'or sur un visage bien rasé, jeta la tête sur une pile de documents. La tête elle-même était si rose et sans poils qu'elle ressemblait à un gros œuf posé sur les papiers. M. Alleyne ne perdit pas un instant :

- Farrington ? Qu'est-ce que cela veut dire ? Pourquoi ai-je toujours à me plaindre de vous ? Puis-je vous demander pour quelle raison vous n'avez pas préparé une copie du contrat Bodley-Kirwan ? Je vous avais dit qu'il devait être prêt pour quatre heures.

- Mais M. Shelley m'a dit, monsieur...

- M. Shelley m'a dit, monsieur... Prenez note de ce que je dis et non de ce que dit M. Shelley. Vous avez toujours une excuse ou une autre pour éviter le travail. Permettez-moi de vous dire que si le contrat n'est pas copié avant ce soir, je soumettrai l'affaire à M. Crosbie... Vous m'entendez maintenant ?

- Oui, monsieur.

- Vous m'entendez maintenant ?... Ah, et autre chose ! Je pourrais aussi bien parler aux murs qu'à vous. Comprenez une bonne fois pour toute que vous avez une demi-heure pour votre déjeuner et non pas une heure et demie. Combien de plats vous faut-il ? J'aimerais bien le savoir... Vous m'entendez ?

- Oui, monsieur.

M. Alleyne pencha de nouveau la tête sur sa pile de papiers. L'homme regardait fixement le crâne poli qui dirigeait les affaires de Crosbie & Alleyne, en mesurant sa fragilité. Un spasme de rage s'empara de sa gorge pendant quelques instants, puis disparut, lui laissant une forte sensation de soif. L'homme reconnut la sensation et sentit qu'il devait passer une soirée à bien boire. La première moitié du mois était passée, et s'il pouvait avoir terminé sa copie à temps, peut-être que M. Alleyne lui donnerait un bon payable à la caisse. Il restait immobile, regardant fixement la tête sur la pile de papiers. Soudain, M. Alleyne se mit à bouleverser tous les papiers, à la recherche de quelque chose. Puis, comme s'il avait ignoré la présence du jeune homme jusque-là, il releva la tête en disant :

- Eh bien ? Allez-vous rester ici toute la journée ? Ma parole Farrington, vous prenez les choses à la légère !

- J'attendais de voir...

- Très bien, vous n'avez pas besoin de voir. Descendez et effectuez votre travail.

L'homme se dirigea pesamment vers la porte et, en sortant de la pièce, il entendit M. Alleyne lui crier que si le contrat n'était pas copié pour le soir, M. Crosbie serait informé de l'affaire.

Il retourna à son pupitre dans le bureau au-dessous, et compta les feuilles qui lui restaient à copier. Il prit sa plume et la trempa dans l'encrier, mais il continuait à fixer bêtement les derniers mots qu'il avait écrits : *En aucun cas, ledit Bernard Bodley ne sera...* Le soir tombait et dans quelques minutes on allumerait le gaz ; il pourrait alors écrire. Il sentit qu'il devait étancher la soif qui lui brûlait la gorge. Il se leva de son pupitre et, soulevant comme auparavant, se faufila hors du bureau. Alors qu'il s'en allait, le chef du bureau lui lança un regard interrogateur.

- Tout va bien, monsieur Shelley, dit l'homme en désignant l'objectif de son expédition.

Le chef de bureau jeta un coup d'œil au porte-chapeaux, mais la rangée était complète, il ne fit aucune remarque. Aussitôt arrivé sur le palier, l'homme tira de sa poche un béret de berger en laine, le mit sur sa tête et descendit rapidement l'escalier branlant. Ayant franchi la porte d'entrée, il s'avança furtivement, rasant le mur, jusqu'au tournant où tout à coup il plongea sous une porte cochère. Il se trouvait maintenant à l'abris dans le cabinet particulier de la sombre boutique d'O'Neill et occupant de son visage enflammé, couleur de vin ou de viande, la petite fenêtre qui donnait sur le bar, il cria :

- Ici, Pat, servez-moi un verre de bière, mon brave ?

Le garçon le lui apporta. Il le bu d'un trait et demanda un kummel. Il posa son penny sur le comptoir et laissant l'employé tâtonner dans le noir pour le retrouver, il se retira de la boutique aussi furtivement qu'il y était entré.

L'obscurité, accompagnée d'un épais brouillard prenait possession de ce crépuscule de février et les réverbères dans Eustache Street avaient été allumé. L'homme longea les maisons jusqu'à la porte du bureau, se demandant s'il pourrait finir sa copie à temps. Sur l'escalier, un parfum humide et pénétrant lui piqua le nez : évidemment Miss Delacourt était venue pendant qu'il était chez O'Neill. Il remit son béret dans sa poche, rentra dans le bureau, assumant un air détaché.

- M. Alleyne vous a fait appeler, dit sévèrement le chef de bureau,
où étiez-vous ?

L'homme jeta un coup d'œil sur les deux clients qui se tenaient devant le comptoir, comme pour laisser entendre que leur présence l'empêchait de répondre. Comme les clients étaient tous les deux des hommes, le chef de bureau se permit de rire.

- Je connais le truc, dit-il, cinq fois dans une journée, c'est un peu...
Eh bien, vous ferez mieux de vous remuer et d'apporter une copie
de notre correspondance dans l'affaire Delacour à M. Alleyne.

Cette apostrophe en présence du public, sa course dans l'escalier et la bière qu'il avait avalé hâtivement, lui avaient brouillé l'esprit et en s'asseyant devant son pupitre pour chercher ce qui lui était demandé, il se rendit compte qu'il était impossible de finir la copie du contrat pour cinq heures et demie. La nuit humide et sombre approchait et l'envie le prenait de la passer dans les bars, à boire avec ses amis, à la lueur du gaz et au milieu de l'entrechoquement des verres. Il prit la correspondance de Delacour et quitta le bureau. Il espérait que M. Alleyne ne s'apercevrait pas qu'il manquait les deux dernières lettres.

Le parfum moite et pénétrant traînait tout le long du chemin jusqu'au bureau de M. Alleyne. Miss Delacour était une femme entre deux âges, d'apparence juive. On disait que M. Alleyne était gentille avec elle, ou avec son argent. Elle venait souvent au bureau et restait longtemps quand elle venait. Elle était assise près du bureau de M. Alleyne, dans un arôme de parfums, caressant le manche de son parapluie et agitant la grande plume noire de son chapeau. M Alleyne avait fait pivoter sa chaise pour lui faire face et avait croisé, avec prestance, son pied droit par-dessus son genou gauche. L'homme posa la correspondance sur le bureau et s'inclina respectueusement.

Cependant, ni M. Alleyne ni Miss Delacour ne remarquèrent son salut. M. Alleyne tapota du doigt la correspondance, puis le pointa vers Farrington, comme pour lui dire : *C'est bon, vous pouvez vous retirer.*

L'homme retourna au bureau en dessous et se rassit devant son pupitre. Il fixa attentivement la phrase inachevée : In no case shall the said Bernard Bodley be... et il pensa comme il était étrange que les trois derniers mots commençassent par les mêmes lettres. Le chef de bureau se mit à bousculer Miss Parker, disant que les lettres ne seraient jamais tapées à temps pour le courrier. L'homme écouta le cliquetis de la machine pendant quelques minutes, puis se mit au travail pour terminer sa copie. Mais ses idées se brouillaient et son esprit s'égarait dans l'éclat et le vacarme de la brasserie. C'était une nuit idéale pour siroter des punchs chauds. Il continua à lutter avec sa copie et quand la pendule sonna cinq heures, il avait encore quatorze pages à écrire. Malheur ! Il ne finirait jamais à temps. Il aurait voulu blasphémer à voix haute, abattre violemment son poing sur quelque chose. Il était tellement exaspéré qu'il écrivit Bernard Bernard au lieu de Bernard Bodley et dû recommencer sur une nouvelle feuille.

Il se sentait tout à fait capable de mettre de l'ordre dans tout le bureau en un clin d'œil. Son corps brûlait de désir de faire quelque chose, de se précipiter dehors et de se dépenser en violence. Les affronts qu'il avait subis dans sa vie l'exaspéraient... Pouvait-il secrètement demander au caissier de lui faire une avance ? Mais rien à faire avec le caissier. Non, vraiment rien à faire, il ne voulait pas me faire une avance... Il savait où retrouver Léonard et O'Halloran et Nosey Flynn, ses camarades. Le baromètre de sa nature émotive indiquait la tempête.

Son imagination l'occupait à tel point qu'on dut l'appeler deux fois avant qu'il ne réponde. M. Alleyne et Miss Delacour se tenaient en dehors du comptoir et tous les employés s'étaient retournés dans l'attente de quelque chose. L'homme se leva. M. Alleyne commença à lancer une série d'invectives, disant qu'il manquait deux lettres. L'homme répondit qu'il ne savait rien à ce propos, qu'il en avait fait une copie fidèle. Les invectives étaient si amères, si violentes, que l'homme avait du mal à se retenir de frapper le nabot qui se tenait devant lui.

- Je ne sais rien à propos de ces deux lettres, dit-il bêtement.

- Vous ne savez rien ? Bien sûr, vous ne savez rien, dit M. Alleyne. Dites-moi, ajouta-t-il en guettant d'abord un regard approbateur de la dame à côté de lui. Me prenez-vous pour un imbécile ? Suis-je un imbécile ?

L'homme regarda du visage de la dame à la petite tête en forme d'œuf, puis retourna à son objectif principal ; et presque avant qu'il s'en aperçût, il saisit l'instant propice.

- Je ne pense pas, monsieur, dit-il, que ce soit une question à me poser à moi.

Il eut une pause jusque dans la respiration des employés. Tout le monde était surpris (autant l'auteur de cette blague que ses voisins) et Miss Delacour, qui était une personne forte et aimable, esquissa un large sourire. M. Alleyne devint rose, comme une églantine et sa bouche se contracta d'une colère de nain. Il secoua son poing au visage de l'homme jusqu'à ce qu'il parût vibrer comme le bouton d'une machine électrique :

- Espèce de scélérat, espèce de scélérat ! Vous n'y échapperez pas, attendez, vous allez voir ! Vous allez me présenter des excuses pour votre impertinence ou vous quitterez le bureau sur le champ ! Vous partirez d'ici, je vous dis, ou vous me présenterez vos excuses !

L'homme se tenait dans l'embrasure d'une porte d'entrée en face du bureau, pour voir si le caissier sortirait seul. Tous les employés passèrent. Finalement, le caissier fit son apparition avec le chef de bureau. Il était inutile d'essayer de lui parler lorsqu'il était avec le chef de bureau. L'homme estimait que sa situation était déjà suffisamment mauvaise. Il avait été obligé de présenter d'abjectes excuses à M. Alleyne pour son impertinence mais il savait que ce bureau serait pour lui un nid à guêpes. Il se souvenait de la façon dont M. Alleyne avait chassé le petit Peake du bureau pour faire une place à son propre neveu. Il se sentait farouche, assoiffé, vindicatif, agacé par lui-même et par tous. M. Alleyne ne lui accorderait jamais une heure de répit ; sa vie serait un enfer. Il s'était ridiculisé cette fois-ci. Ne pouvait-il pas garder sa langue dans sa poche ? Dès le début, il ne s'était jamais entendu avec M. Alleyne, depuis le jour où celui-ci l'avait entendu imiter son accent de l'Irlande du Nord pour amuser Higgins et Miss Parker. Et voilà comment tout cela avait commencé. Peut-être aurait-il pu demander un peu d'argent à Higgins, mais ce dernier n'avait jamais rien pour lui-même. Un homme confronté à des difficultés des deux côtés ne peut naturellement pas...

Il sentit de nouveau son corps souffrir aspirant au confort de la brasserie. Le brouillard avait commencé à le glacer et il se demandait s'il pourrait taper Pat chez O'Neill. Il ne pourrait pas le taper de plus d'une balle et une balle ne lui servirait à rien. Pourtant, il devait trouver de l'argent d'une manière ou d'une autre ; il avait dépensé son dernier sou pour le verre de bière et bientôt il serait trop tard pour trouver de l'argent où que ce soit. Soudain, en jouant avec sa chaîne de montre, il pensa au prêteur sur gages de Terry Kelly dans Fleet Street. Quelle aubaine ! Pourquoi n'y avait-il pas pensé plus tôt ?

Il traversa rapidement l'étroit passage du Temple Bar, se murmurant qu'ils pouvaient tous aller au diable mais que lui allait pouvoir passer une bonne nuit. L'employé de Terry Kelly dit : « Une couronne », mais le consignateur tint bon pour six shillings qui finalement lui furent donnés. Il sortit de la boutique joyeusement, faisant un petit cylindre de ses petites pièces entre le pouce et l'index. Dans Westmoreland Street, les trottoirs étaient bondés de jeunes hommes, de jeunes femmes revenant de leur travail, et les gamins débraillés couraient çà et là criant les journaux du soir. L'homme traversa la foule, regardant le spectacle de haut avec une satisfaction orgueilleuse et jetant des regards dominateurs sur les filles des bureaux. Dans sa tête résonnaient la corne des tramways, le grincement des trolleys et son nez sentait déjà les volutes du punch fumant. Alors qu'il marchait, il réfléchit aux termes qu'il allait utiliser pour raconter l'incident aux camarades :

> - Alors je le regardai, froidement vous savez, puis je l'ai regardée
> elle. Puis le regardai lui à nouveau... en prenant mon temps : « Je
> ne pense pas que ce soit une question à me poser à moi », dis-je.

Nosey Flynn était assis dans son coin habituel chez Davy Byrne et lorsqu'il entendit l'histoire, il lui paya un demi-verre disant que c'était la meilleure réplique qu'il n'avait jamais entendue. Farrington paya une autre tournée. Un peu après, O'Halloran et Paddy Léonard entrèrent et l'histoire leur fut répétée. O'Halloran paya des demis débordants de malt chaud et leur raconta la réponse qu'il avait aussi donnée au chef de bureau lorsqu'il était chez Callan dans Fownes Street. Mais comme la réponse rappelait la manière des libres bergers dans les églogues, il dut admettre qu'elle n'était pas aussi habile que de Farrington. Ce à quoi Farrington répondit à ses camarades de vider leur verre et d'en faire apporter d'autres.

Alors qu'ils commandaient chacun leurs poisons, qui est-ce qui fit son entrée ? Higgins ! Bien sûr, Higgins dut se joindre à eux. Les hommes lui demandèrent de donner sa version de l'histoire, et il le fit avec une grande vivacité, car la vue des cinq petits whiskys chauds était très exaltante. Tout le monde éclata de rire lorsqu'il montra la façon dont M. Alleyne brandit son poing au visage de Farrington. Puis il imita Farrington en disant : « Et voilà mon bonhomme aussi calme que vous pouvez l'imaginer » ; tandis que Farrington regardait la compagnie de ses yeux lourds et sales, souriant et de temps en temps, aspirant à l'aide sa lèvre inférieure, les quelques gouttes de liqueur suspendues à sa moustache.

Quand cette tournée fut avalée, il y eut une pause. O'Halloran avait de l'argent, mais ni l'un ni l'autre ne semblaient en avoir ; tout le groupe quitta la boutique avec un certain regret. Au coin de Dike Street, Higging et Nosey Flynn tournèrent à gauche tandis que les trois autres allèrent en direction de la ville. La pluie tombait sur les rues froides et, lorsqu'ils arrivèrent au Ballast Office, Farrington suggéra le Scotch House. Le bar était plein d'hommes et le bruit des voix et des verres retentissait. Les trois hommes bousculèrent les vendeurs d'allumettes qui pleurnichaient devant la porte et formèrent un groupe dans un coin au comptoir. Ils se mirent à échanger des histoires. Léonard les présenta à un jeune homme nommé Weathers, qui se produisait au Tivoli en tant qu'acrobate et faisait un peu de tout. Farrington paya un verre à tout le monde. Weathers dit qu'il prendrait un petit whisky irlandais et de l'apollinaris. Farrington, qui avait une idée précise de ce que c'était, demanda aux camarades s'ils prendraient aussi un apollinaris ; mais ils dirent à Tim qu'ils prendraient leurs whiskys chauds. La conversation devint théâtrale. O'Halloran paya une tournée, alors Farrington en paya une autre, Weathers se plaignant que leur hospitalité était trop irlandaise. Il leur promit de les faire entrer dans les coulisses et de les présenter à quelques jolies filles. O'Halloran dit que lui et Léonard iraient, mais que Farrington n'irait pas parce qu'il était marié. Farrington lorgna la compagnie de ses yeux sales et lourds pour montrer qu'il comprenait la plaisanterie. Weathers leur offrit une tournée à ses frais et leur promit de les retrouver plus tard chez Mulligan chez Poolbeg Street.

Quand le Scotch House ferma, ils firent un tour chez Mulligan. Ils entrèrent dans la salle du fond et O'Halloran commanda des rhums à l'eau extra, à la ronde. Ils commençaient tous à se sentir moelleux. Farrington venait justement de leur payer une autre tournée lorsque Weathers revint. Au grand soulagement de Farrington, il but cette fois-ci un verre de bitter. Les fonds diminuaient, mais ils en avaient assez pour leur permettre de continuer. Bientôt, deux jeunes femmes portant de grands chapeaux et un jeune homme vêtu d'un costume à carreaux entrèrent et s'assirent à une table près d'eux. Weathers les salua et dit à la bande qu'ils étaient du Tivoli. Les yeux de Farrington s'égaraient à chaque instant vers l'une de ces jeunes femmes. Il y avait quelque chose dans son apparence qui attirait l'œil. Une immense écharpe de mousseline bleu paon était enroulée autour de son chapeau et nouée en un gros nœud sous son menton ; et elle portait des gants jaune vif qui lui montaient jusqu'aux coudes. Farrington regarda avec admiration le bras dodu qu'elle remuait très souvent et avec beaucoup de grâce ; et quand, après un peu de temps, elle répondit à son regard, il admira davantage ses grands yeux bruns. L'oblique fixité de leur expression le fascinait. Elle le regarda une ou deux fois et, au moment où le groupe quitta la salle, elle frôla la chaise de Farrington et dit « Oh ! Pardon » avec un accent londonien. Il la regarda quitter la pièce en espérant qu'elle se retournerait, mais il fut déçu. Il maudit son manque d'argent et maudit toutes les tournées qu'il avaient offertes, en particulier les whiskys et les apollinaris qu'il avait payé à Wheathers. Ce qu'il détestait par-dessus tout, c'était un pique-assiette. Il était tellement en colère qu'il perdit le fil de la conversation.

Lorsque Paddy Léonard l'interpella, il s'aperçut qu'ils parlaient de prouesses athlétiques. Weathers montrait ses biceps à la compagnie et se vantait tellement que les deux autres avaient demandé à Farrington de défendre l'honneur national. Alors, Farrington releva sa manche et montra ses muscles à la compagnie. Les deux bras furent examinés, comparés, et finalement, il fut convenu qu'il devait y avoir une épreuve de force. La table fut débarrassée et les deux hommes appuyèrent leur coude sur celle-ci et s'attrapèrent la main. Quand Paddy Léonard dit « Allez ! » chacun devait essayer d'abaisser la main de son adversaire sur la table. Farrington avait un air sérieux et déterminé.

L'épreuve commença. Après une trentaine de secondes, Weathers fit doucement fléchir la main de son adversaire vers la table. Le visage sombre et vineux de Farrington s'assombrit encore de colère et d'humiliation d'avoir été vaincu par un tel gringalet.

- N'y mets pas le poids de ton corps, joue franc jeu, dit-il.

- Qui ne joue pas franc jeu ? dit l'autre. Rejouons, à celui qui gagnera deux fois sur trois.

L'épreuve recommença. Les veines ressortaient sur le front de Farrington, tandis que Weathers pâlissait jusqu'au ponceau. Leurs mains et leurs bras tremblaient sous l'effort. Après une longue lutte, Weathers ramena de nouveau la main de son adversaire sur la table. Il y eut un murmure d'applaudissements de la part des spectateurs. Le garçon qui se tenait près de la table hochait sa tête rousse vers le vainqueur et dit avec une familiarité stupide :

- Ah ! c'est ça le truc !

- Qu'est-ce que tu en sais ? dit Farrington se tournant vers l'homme avec fureur. Pourquoi ouvres-tu donc la bouche ?

- Sh, sh ! dit O'Halloran observant l'expression violente du visage de Farrington. Finissons camarades ; encore un coup et partons.

Un homme au visage sombre se tenait dans un coin de O'Connell Bridge attendant que le petit tramway de Sandymount qui le ramènerait chez lui. Il était envahi par la colère et une envie de vengeance. Il se sentait humilié et mécontent ; il ne se sentait même pas ivre ; et il n'avait que vingt centimes dans sa poche. Il maudissait tout. Il s'était attiré des ennuis au bureau, avait mis sa montre en gage, dépensé tout son argent et il n'était même pas ivre. Il commença à ressentir de nouveau la soif et il désirait ardemment retourner dans cette atmosphère étouffante et enfumée de la brasserie. Il avait perdu sa réputation d'homme fort, après avoir été battu deux fois par un jeune garçon. Son cœur enfla de fureur et, quand il pensa à la femme au grand chapeau qui l'avait frôlé en demandant pardon, sa fureur manqua de l'étouffer.

Son tramway le déposa à Shelbourne Road et il dirigea son grand corps à l'ombre du mur des casernes. Il détestait rentrer chez lui. Lorsqu'il entra par la petite porte sur le côté, il trouva la cuisine vide et le feu presque éteint. Il hurla à l'étage :

- Ada ! Ada !

Sa femme était une petite personne au visage aigü, qui malmenait son mari lorsqu'il était sobre mais que son mari malmenait lorsqu'il était soûl. Ils avaient cinq enfants. Un petit garçon descendit les escaliers en courant.

- Qui est-ce ? demanda l'homme regardant dans l'obscurité.

- Moi, papa.

- Qui est-ce ? Charlie ?

- Non papa. Tom.

- Où est ta mère ?

- Elle est à l'église.

- C'est vrai... A-t-elle pensé à me laisser à dîner ?

- Oui papa. Je...

- Allume la lampe. Comment peux-tu laisser la maison dans le noir ? Les autres enfants sont-ils au lit ?

L'homme s'assit lourdement sur une des chaises tandis que le petit garçon allumait la lampe. Il se mit à imiter l'accent de son fils, se disant à lui-même :

« A l'église. A l'église, s'il vous plaît ! » Quand la lampe fut allumée, il tapa son poing sur la table et cria :

- Qu'y a-t-il pour mon dîner ?
- Je vais... le cuire papa, dit le petit garçon.

L'homme bondit furieusement de sa chaise et désigna le feu.

- Sur ce feu-là ! Tu as laissé le feu s'éteindre ! Nom de Dieu, je vais t'apprendre à ne pas recommencer !

Il fit un pas vers la porte et saisit la canne appuyée contre elle.

- Je vais t'apprendre à laisser le feu s'éteindre, dit-il en retroussant la manche de sa chemise afin de dégager son bras.

Le petit garçon cria : « Oh ! Papa ! » et courut autour de la table en gémissant, l'homme le suivit et le saisit par son manteau. Le petit garçon jeta des regards égarés autour de lui mais ne voyant aucun moyen de s'échapper, il tomba à genoux.

- Tu laisseras le feu s'éteindre une autre fois ! dit l'homme en le frappant vigoureusement avec le bâton. Prends ça, animal !

Le garçon poussa un cri de douleur tandis que le bâton lui coupait la cuisse. Il leva ses mains jointes et sa voix trembla d'effroi.

- Oh, papa ! cria-t-il, ne me frappe pas, papa ! Et je dirai pour toi un Je vous salue Marie... Je dirai pour toi un Je vous salue Marie, papa si tu ne me bats pas... Je dirai pour toi un Je vous salue Marie...

ARGILE

La surveillante lui avait accordé une permission de sortie dès que le thé des femmes était terminé et Maria attendait cette soirée avec impatience. La cuisine brillait comme un sou neuf ; selon la cuisinière, on aurait pu se voir dans les grands chaudrons de cuivre. Le feu était agréable, lumineux et sur une des tables d'appoint étaient posés quatre grosses galettes. Ces galettes semblaient ne pas avoir été coupées, mais de près on distinguait qu'elles avaient été coupées en longues tranches égales et épaisses, prêtes à être servies pour le thé. Maria les avait coupées elle-même.

Maria était une très, très petite personne, mais elle avait un très long nez et un menton tout aussi long. Elle parlait un peu par le nez, toujours d'une façon conciliante : « Oui, ma chère », ou « Non, ma chère ». On l'appelait toujours lorsqu'il y avait une querelle parmi les femmes au sujet de leurs baquets et elle réussissait toujours à faire régner la paix. Un jour la surveillante lui avait dit :

- Maria, vous êtes une vraie conciliatrice.

Et la sous-directrice et deux des dames du comité avaient entendu le compliment. Et Ginger Mooney disait toujours : « Qu'est-ce qu'elle prendrait la sourde-muette qui s'occupe du repassage, si Maria n'était pas là. » Tout le monde adorait Maria.

Les femmes prenaient le thé à six heures et ainsi Maria pourrait partir avant sept heures. De Ballsbridge à la Colonne, vingt minutes ; de la Colonne à Drumcondra, vingt minutes, et vingt minutes pour ses achats. Elle y serait avant huit heures. Elle sortit son porte-monnaie au fermoir d'argent et relut ces mots : « Souvenir de Belfast ». Elle aimait beaucoup ce porte-monnaie parce que Joe le lui avait rapporté d'un voyage à Belfast avec Alphy, cinq ans auparavant, lors d'un lundi de Pentecôte. Elle avait dans son porte-monnaie deux demi-couronnes et quelques sous. Il lui resterait cinq shillings pile après avoir payé le tramway. Quelle belle soirée on allait passer, avec tous les enfants chantant en cœur ! Elle espérait seulement que Joe ne rentrerait pas ivre. Il était si différent quand il buvait.

Souvent, il avait voulu qu'elle aille vivre avec eux mais elle eut peur de les gêner (bien que la femme de Joe ait toujours été si gentille avec elle) et puis elle s'était habituée à la vie de la blanchisserie. Joe était un bon garçon. Elle l'avait élevé ainsi qu'Alphy et Joe disait souvent :

- Certes, maman est maman mais Maria est ma vraie mère.

Une fois la famille séparée, les garçons lui avaient obtenu ce poste à la blanchisserie « Dublin à la lueur des réverbères » et elle s'y plaisait. Elle avait autrefois une très mauvaise opinion des protestants mais aujourd'hui elle les trouvait très gentils, un peu trop calmes et sérieux, mais tout de même très facile à vivre. Et puis elle avait des plantes à elle dans la serre et elle aimait s'en occuper. Elle avait de belles fougères et des ciriers et chaque fois que quelqu'un venait la voir elle lui donnait une ou deux boutures de sa serre. Il y avait une chose qu'elle n'aimait pas, c'étaient les petits traités de piété qui étaient semés un peu partout. Mais la surveillante était une personne si gentille, si élégante.

Quand la cuisinière vint la prévenir que tout était prêt, elle entra dans la salle des femmes et commença à tirer la grosse cloche. En quelques minutes, les femmes commencèrent à arriver par groupe de deux ou trois, essuyant leurs mains fumantes à leurs jupons, et tirant les manches de leurs blouses sur leurs bras rouge, eux aussi fumants. Elles s'installèrent chacune devant une énorme tasse, que la cuisinière et la servante remplirent d'un thé chaud, déjà mélangé avec du lait et du sucre dans d'immenses brocs en étain. Maria supervisait la distribution des galettes et veillait à ce que chaque femme eût ses quatre tranches. Il y avait beaucoup de rires et de blagues pendant le repas. Lizzie Fleming dit que Maria aurait surement la bague, et bien que Fleming eût dit cela depuis beaucoup de veille de la Toussaint, Maria fût forcée de rire et de dire qu'elle ne voulait ni bague, ni mari ; lorsqu'elle riait, dans ses yeux gris scintillait une timidité déçue et le bout de son nez touchait presque le bout de son menton. Puis Ginger Mooney, tandis que toutes les autres femmes faisaient claquer leurs tasses sur la table, leva sa tasse de thé et proposa de boire à la santé de Maria, disant qu'elle regrettait de ne pas pouvoir trinquer avec une petite goutte de bière. Et Maria se mit de nouveau à rire, jusqu'à ce que le bout de son nez touchât le bout de son menton et presque à en plier son corps frêle en deux ; car elle savait que Mooney était pleine de bonnes intentions, même si bien sûr, ce n'était qu'une femme ordinaire.

Mais quelle ne fut pas la joie de Maria lorsque, une fois le goûter fini, la cuisinière et la servante se mirent à nettoyer le thé ! Elle entra dans sa petite chambre et, se rappelant que le lendemain était un matin de messe, elle changea l'aiguille de son réveil de sept heures à six. Puis elle enleva son sarrau et ses chaussons, et déposa sa plus belle jupe sur le lit, au pied duquel elle déposa ses petites bottines de gala. Elle changea aussi de chemisier, et, se tenant devant son miroir, elle pensa à la façon dont elle s'habillait pour la messe le dimanche matin, lorsqu'elle était jeune. Elle regarda avec une affection amusante ce corps en minuscule qu'elle avait si souvent orné. Malgré les années, c'était selon elle, un joli petit corps de femme, bien soigné.

Quand elle fut dehors, les rues ruisselaient de pluie et elle était heureuse d'avoir pris son vieil imperméable marron. Le tram était bondé et elle dut s'asseoir sur la petite banquette à l'extrémité de la voiture, face à tout le monde, la pointe de ses pieds touchant à peine le sol. Elle pensa à tout ce qu'elle allait faire et pensa combien il était préférable d'être indépendante et d'avoir son propre argent en poche. Elle espérait qu'ils passeraient une bonne soirée. Elle en était sûre, mais elle ne pouvait s'empêcher de regretter qu'Alphy et Joe ne se parlent plus. Maintenant, ils étaient toujours en froid ; mais lorsqu'ils étaient enfants, c'étaient les meilleurs amis ; ainsi va la vie.

Elle descendit de son tramway à la Colonne et se fraya rapidement un chemin parmi la foule. Elle entra dans la pâtisserie Downes, mais il y avait tellement de monde qu'elle dut attendre longtemps son tour. Elle acheta une douzaine de gâteau assortis et sorti du magasin chargée d'un gros sac. Puis elle se demanda ce qu'elle pouvait acheter d'autre. Elle voulait acheter quelque chose de vraiment bon. Ils étaient sûrs d'avoir beaucoup de pommes et de noix. C'était difficile de savoir quoi acheter : seulement l'idée des gâteaux lui venait à l'esprit. Elle décida d'acheter du plumcake mais chez Downes, le plumcake n'avait pas assez de glaçage aux amandes sur le dessus, alors elle alla à un magasin dans Henry Street. Là, elle mit du temps à trouver ce qu'il lui fallait et la jeune femme si élégante qui servait au comptoir, qui était visiblement un peu agacée, lui demanda si elle désirait acheter un gâteau de noces. Maria rougit et sourit à la jeune femme, mais celle-ci prit tout cela très au sérieux et finit par lui couper une grosse tranche de plumcake, la mit dans un paquet et dit :

- Deux shilllings et quatre pence, s'il vous plaît.

Elle pensa qu'elle devrait rester debout dans le tramway de Drumcondra, parce qu'aucun des jeunes gens ne semblait remarquer qu'elle était là, mais un homme d'un certain âge lui fit de la place. C'était un gros monsieur qui portait un chapeau melon brun ; il avait le visage rouge et carré et une moustache grisonnante. Maria pensait que ce monsieur avait l'air d'un colonel et elle se dit qu'il était bien plus poli que les jeunes gens qui regardaient droit devant eux. Le monsieur se mit à parler avec elle au sujet de la veille de la Toussaint et du temps pluvieux. Il soupçonna le sac d'être plein de bonnes choses pour les petits et déclara qu'il était juste que les gosses s'amusent tant qu'ils étaient jeunes. Maria acquiesça et lui répondit par des hochements de tête et des « hums » timides. Il était très gentil avec elle et lorsqu'elle arriva à l'arrêt du Canal, elle le remercia, en s'inclinant, et lui, lui rendit son salut en soulevant son chapeau et sourit agréablement ; et tandis qu'elle parcourait la terrasse, penchant sa petite tête sous la pluie, elle réfléchit qu'il était facile de reconnaître un gentleman même s'il a bu un coup.

Tout le monde dit : « Oh, voilà Maria ! » quand elle arriva chez Joe. Joe était là, rentré du travail et tous les enfants portaient leurs habits du dimanche. Il y avait les deux grandes filles du voisin et les jeux allaient bon train. Maria donna le sac de gâteaux à Alphy, le fils aîné, pour les distribuer et Mme Donnelly dit que Maria était très gentille d'avoir apporté un aussi gros sac de gâteaux et fit dire « Merci Maria » à tous les enfants.

Mais Maria dit qu'elle avait apporté quelque chose de spécial pour papa et maman, quelque chose qu'ils aimeraient sûrement, et elle se mit à chercher son plumcake. Elle inspecta le sac de Downes, puis les poches de son imperméable, puis l'entrée, elle ne le trouva nulle part. Alors elle demanda aux enfants si l'un d'eux ne l'aurait pas mangé, par erreur bien sûr, mais les enfants répondirent tous que non et préférèrent avoir l'air de ne pas aimer les gâteaux plutôt que d'être accusé de vol. Chacun avait une solution du mystère et Mme Donnelly déclara qu'il était évident que Maria l'avait laissé dans le tramway. Maria se rappelant à quel point le monsieur à la moustache l'avait émue rougit de honte, de vexation et de déception. A la pensée de l'échec de sa petite surprise et des deux shillings quatre pence gaspillés, elle faillit pleurer.

Mais Joe dit que cela n'avait pas d'importance et la fit assoir près du feu. Il était très gentil avec elle. Il lui raconta tout ce qui se passait dans son bureau et lui répéta une réplique intelligente qu'il avait faite au directeur. Maria ne comprenait pas pourquoi Joe riait autant de sa réponse, mais elle dit que le directeur devait être une personne difficile à supporter. Joe répondit qu'il n'était pas si mauvais quand on savait comment le prendre, qu'il était assez convenable tant qu'on ne le maniait pas à rebrousse-poil. Mme Donnelly joua du piano pour les enfants et ceux-ci dansèrent et chantèrent. Puis les deux filles du voisin firent passer les noix à la ronde. Personne ne trouvait le casse-noix et Joe sur le point de se fâcher demanda s'ils s'attendaient à ce que Maria casse les noix sans casse-noix. Mais Maria répondit qu'elle n'aimait pas les noix et qu'il ne fallait pas se soucier d'elle. Alors Joe lui demanda si elle voulait une bouteille de stout, et Mme Donnelly dit qu'il y avait aussi du porto dans la maison si elle le souhaitait, mais Maria dit qu'elle préférait qu'on ne lui offrît rien mais Joe insista.

Alors Maria le laissa faire et ils s'assirent près du feu, parlant du bon vieux temps et Maria pensa qu'elle glisserait un mot en faveur d'Alphy. Mais Joe cria que Dieu pouvait le faire tomber mort si jamais il adressait la parole à son frère et Maria s'excusa d'avoir mentionné l'affaire. Mme Donnelly dit à son mari que c'était une grande honte pour lui de parler ainsi d'une personne qui était de sa chair et de son sang. Ce à quoi Joe répondit qu'Alphy n'était pas un frère pour lui ; une dispute faillit en résulter. Mais Joe déclara que ce n'était pas par une nuit comme celle-ci qu'il allait se mettre en colère et demanda à sa femme d'ouvrir une autre bouteille de stout. Les deux filles du voisin avaient organisé des jeux pour une veille de la Toussaint et tout redevint joyeux. Maria était ravie de voir les enfants si joyeux et Joe et sa femme de si bonne humeur. Les filles du voisin posèrent des soucoupes sur la table où elles conduisirent les enfants les yeux bandés. Un eut le livre de prières et les trois autres l'eau ; et lorsqu'une des filles du voisin eut la bague, Mme Donnelly pointa du doigt la jeune fille rougissante, comme pour dire : « Oh ! je sais tout à ce propos » Ils insistèrent alors à bander les yeux de Maria et à la conduire à la table voir ce qu'elle obtiendrait, et tandis qu'on lui mettait le bandeau, Maria riait, riait presque à faire toucher le bout de son nez et le bout de son menton.

Ils la conduisirent à la table au milieu des rires et des blagues et elle mit la main dans le vide comme on lui avait dit de le faire. Elle remua sa main çà et là en l'air et l'abaissant sur une des soucoupes, sentit sous ses doigts une substance sèche et douce et fut surprise que personne ne parlât ou ne lui enleva son bandeau. Il y eut un silence de quelques secondes, puis un grand remue-ménage et des chuchotements. Quelqu'un parla du jardin et enfin Mme Donnelly, d'une voix furieuse, dit quelque chose à une des filles du voisin et lui dit de vider la soucoupe tout de suite, que ce n'était pas du jeu. Maria comprit que cela ne comptait pas, qu'elle devait recommencer et cette fois elle eut le livre de prières.

Après cela, Mme Donnelly joua pour les enfants la mazurka de Mlle McCloud et Joe fit boire un verre de vin à Maria. Bientôt, tout le monde fut joyeux de nouveau et Mme Donnelly déclara que Maria allait entrer dans un couvent avant la fin de l'année, parce qu'elle avait eu le livre de prières. Maria n'avait jamais vu Joe aussi gentil avec elle que ce soir-là, plein de conversations agréables et de souvenirs. Elle dit qu'ils étaient tous bien gentils avec elle.

A la fin, les enfants se fatiguèrent et s'endormirent et Joe demanda à Maria si elle voulait bien leur chanter une petite chanson avant de partir, une des vieilles chansons. Mme Donnelly dit : « Je vous en prie, Maria ! ». Maria dut donc se lever et se placer près du piano. Mme Donnelly ordonna aux enfants de se taire et d'écouter la chanson de Maria. Puis elle joua le prélude et dit : « Maintenant Maria ! ». Et Maria, rougissant beaucoup, se mit à chanter d'une voix gracile et tremblotante. Elle chanta *J'ai rêvé d'une demeure*. Et lorsqu'elle fut au deuxième couplet, elle reprit :

J'ai rêvé d'une demeure de marbre,

De vassaux, de serfs à mes côtés.

Et que de tous ceux assemblés en ces murailles

J'étais l'espoir, j'étais l'orgueil.

J'avais des richesses incalculables,

Je pouvais me réclamer d'une haute et noble lignée,

Mais j'ai aussi rêvé, ce qui me charma plus que tout,

Que votre amour n'avait pas changé.

Mais personne ne lui fit remarquer son erreur et lorsqu'elle eut terminé de chanter, Joe fut très ému. Il dit qu'il n'y avait rien de tel que les jours d'antan et que pour lui il n'y avait pas de musique qui valait celle de ce pauvre Balfe, quoi qu'on pût dire, et ses yeux se remplirent de larmes à tel point qu'il ne put trouver ce qu'il cherchait, et que finalement il dut demander à sa femme où était le tire-bouchon.

UN CAS DOULOUREUX

M. James Duffy habitait à Chapelizod, parce qu'il voulait vivre le plus loin possible de la ville dont il était citoyen et parce qu'il trouvait les autres faubourgs de Dublin misérables, modernes et prétentieux. Il vivait dans une vieille maison sombre, et de ses fenêtres il pouvait voir la distillerie désaffectée ou remontait le long de la rivière peu profonde sur les bords de laquelle Dublin est construite. Sa chambre n'avait pas de tapis et les très hauts murs de celle-ci étaient dépourvus de tableaux. Il avait lui-même acheté tous les meubles de la chambre : un lit de fer peint en noir, un lavabo en fer, quatre chaises cannées, un séchoir, un seau à charbon, un garde-feu et des chenets et un double pupitre posé sur une table carré. Une bibliothèque avait été aménagée dans une alcôve au moyen d'étagères de bois blanc. Le lit était revêtu de linge blanc avec aux pieds une couverture noire et rouge. Un petit miroir à main était suspendu au-dessus du lavabo et pendant la journée, une lampe avec son abat-jour blanc formait le seul ornement de la cheminée. Les livres, sur les étagères en bois blanc, étaient disposés de bas en haut suivant leur format. Un Wordsworth complet se trouvait sur le rayon le plus bas et un exemplaire du Maynooth Catachism, cousu dans la reliure de toile d'un carnet de notes, était posé à une extrémité de l'étagère la plus élevée. Il y avait toujours sur le pupitre ce qu'il fallait pour écrire. Sur le pupitre se trouvait le manuscrit d'une traduction du Michel Kramer de Hauptmann, dont les indications de scène étaient marquées à l'encre violette ; et une petite liasse de feuillets retenus par une attache de cuivre. Sur ces feuillets, une phrase était inscrite de temps à autre et, dans un moment d'ironie, le titre d'une publicité de pilules pour la bile avait été collé sur la première page. Lorsque l'on soulevait le couvercle du pupitre, un léger parfum s'échappait, la vague odeur d'un crayon en bois de cèdre, ou d'une bouteille de colle, ou encore d'une pomme trop mûre qu'on avait laissée là et oubliée.

M. Duffy abhorrait tout indice extérieur de désordre mental ou physique. Un docteur du moyen âge l'aurait qualifié de saturnien. Son visage, qui portait l'histoire de toutes ces années, avait la teinture brune des rues de Dublin. Sur sa longue et assez grande tête poussaient des cheveux noirs et secs et une moustache fauve couvrait mal une bouche sans aménité. Ses pommettes lui donnaient également un air dur ; mais il n'y avait pas de dureté dans ses yeux qui, regardant le monde de dessous leurs sourcils fauves, donnaient l'impression d'un homme toujours attentif chez les autres des qualités qui pouvaient compenser leurs défauts, mais souvent déçu. Il vivait à une certaine distance de son propre corps, et les regards qu'il jetait sur ses propres actes étaient furtifs et soupçonneux. Il avait une étrange habitude autobiographique qui le conduisait de temps à autre à composer mentalement sur lui-même quelques courtes phrases contenant un sujet à la troisième personne et un verbe au passé. Il ne faisait jamais l'aumône et marchait d'un pas ferme, portant une canne de coudrier.

Pendant de nombreuses années, il avait été caissier d'une banque privée dans Baggot Street. Tous les matins, il partait de Chapelizod en tramway. A midi, il allait prendre son déjeuner chez Dan Burke : une bouteille de bière et une petite assiette de biscuits à l'avoine. A quatre heures, il était libéré. Il dînait dans un restaurant de George's Street où il se sentait à l'abri de la jeunesse dorée de Dublin et où il y avait une certaine honnêteté dans le menu. Ses soirées se passaient soit devant le piano de sa propriétaire, soit à errer dans les faubourgs de la ville. Son goût pour la musique de Mozart l'amenait parfois à l'Opéra ou dans un concert : c'étaient les seules dissipations de sa vie.

Il n'avait ni compagnons, ni amis, ni église, ni foi. Il vivait sa vie spirituelle sans communion avec autrui, rendant visite aux membres de sa famille à Noël et les escortant au cimetière quand ils mouraient. Il accomplissait ces devoirs sociaux pour la sauvegarde de la traditionnelle dignité, mais ne concéda rien de plus aux conventions qui régissent la vie du citoyen. Il se permettait de penser que, dans certaines circonstances, il volerait sa banque, mais comme ces circonstances ne se présentaient jamais, sa vie se déroulait sans heurt, une histoire sans aventures.

Un soir, il se trouva assis à côté de deux dames dans la « Rotunda ». La maison, silencieuse et presque vide présageait lamentablement un échec. La dame qui était assise à côté de lui jeta un ou deux coups d'œil sur la salle déserte, puis dit :

- Quel dommage que la maison soit si peu remplie ce soir ! C'est si difficile pour les artistes de chanter devant des places vides.

Il prit cette remarque comme une invitation à parler. Il fut surpris qu'elle paraisse si peu embarrassée. Pendant qu'ils parlaient, il essaya de graver son image pour toujours dans son esprit. Quand il apprit que la jeune fille assise à côté d'elle était sa fille, il la pensa âgée d'un an ou deux de moins que lui. Son visage, qui avait dû être beau, restait intelligent. C'était un visage ovale aux traits fortement marqués. Les yeux d'un bleu très foncé étaient fixes. Au premier abord, leur regard avait un air de défi qui paraissait se perdre en une fusion de l'iris et de la pupille, révélant, le temps d'un instant, un tempérament d'une extrême sensibilité. Mais la pupille reprenait rapidement sa forme initiale, cette nature à moitié dévoilée tomba de nouveau sous le règne de la prudence, et sa veste d'astrakan qui moulait une poitrine d'une certaine ampleur, accentuait le ton de défi d'une façon encore plus importante.

Il la rencontra de nouveau quelques semaines plus tard dans un concert à Earlfort Terrace et il saisit le moment où l'attention de la jeune fille était engagée ailleurs pour devenir plus intime. Elle fit une ou deux fois allusion à son mari, mais le ton de ses paroles n'avait rien d'alarmant. Elle s'appelait Mme Sinico. L'arrière-arrière-grand-père était capitaine d'un bateau marchand naviguant entre Dublin et la Hollande ; ils n'avaient qu'un enfant.

La rencontrant une troisième fois par hasard, il trouva le courage de lui fixer un rendez-vous. Elle s'y rendit. Ce fut le premier d'une série de rendez-vous. Ils se retrouvaient toujours le soir et choisissaient les quartiers les plus calmes pour s'y promener. Cependant, M. Duffy détestait ces manières clandestines, et voyant qu'ils étaient contraints de se rencontrer en cachette, il obligea Mme Sinico à l'inviter chez elle. Le capitaine Sinico encouragea ses visites, voyant en lui un prétendant à la main de sa fille. Il avait si sincèrement banni sa femme de la galerie des plaisirs qu'il ne pouvait soupçonner qu'un autre pût s'intéresserait à elle. Comme le mari était souvent absent et que la jeune fille sortait pour donner des leçons de musique, M. Duffy eut de nombreuses occasions d'apprécier la compagnie de la dame. Ni lui ni elle n'avait encore eu une telle aventure et aucun des deux n'y voyait d'inconvénient. Peu à peu, il mêla ses pensées aux siennes. Il lui prêta des livres, lui fournit des idées, lui fit partager sa vie intellectuelle. Elle écoutait tout ce qu'il disait.

Parfois, en échange de ses théories, elle lui donnait quelques faits de sa propre expérience. Avec une sollicitude presque maternelle, elle l'exhortait à laisser sa nature s'ouvrir complétement : elle devint son confesseur. Il lui raconta que, pendant quelques temps, il avait assisté aux réunions d'un parti socialiste irlandais où il s'était senti seul de son genre parmi une vingtaine d'ouvriers sobres, réunis dans un grenier sous la lumière douteuse d'une lampe à huile. Lorsque le parti fut divisé en trois sections, chacune avait son propre chef dans son propre grenier, il cessa d'y assister. Les discussions des ouvriers, disait-il, étaient trop timorées ; l'intérêt qu'ils portaient à la question des salaires était démesuré. Il sentait qu'ils étaient des réalistes invétérés et qu'ils détestaient une précision d'esprit qui était le fruit d'un loisir hors de leur portée. Aucune révolution sociale ne pourrait frapper Dublin avant quelques siècles, lui dit-il.

Elle lui demanda pourquoi il n'écrivait pas ses pensées. Pour quoi faire, lui répondait-il avec un mépris mesuré. Pour rivaliser avec des débiteurs de phrases incapables de penser soixante secondes consécutives ? Pour se soumettre aux critiques d'une bourgeoisie obtuse qui confiait sa moralité aux policiers et ses beaux-arts aux imprésarios ?

Il allait souvent la voir dans son petit chalet en dehors de Dublin où ils passèrent leurs soirées en tête à tête. Petit à petit, au fur et à mesure que leurs pensées s'emmêlaient, ils abordèrent des sujets moins impersonnels. Sa compagnie de Mme Sinico était pour M Duffy ce que la chaleur du sol représente pour une plante exotique. Bien quelquefois, elle laissait l'obscurité les envahir, évitant d'allumer la lampe. La chambre sombre et tranquille, et leur isolement, la musique qui vibrait encore dans leurs oreilles les unissaient. Cette union exaltait l'homme, adoucissait les angles de son caractère, insufflait de l'émotion à sa vie mentale. Parfois, il se surprenait à écouter le son de sa propre voix. Il pensait qu'aux yeux de Mme Sinico il s'élèverait à une stature d'un ange et alors que la nature ardente de Mme Sinico s'attachait de plus en plus à son compagnon, il entendit une étrange voix impersonnelle qu'il reconnut comme la sienne et qui insistait sur l'incurable solitude de l'âme. Nous ne pouvons pas nous donner, disait cette voix, nous n'appartenons qu'à nous-mêmes. La fin de ces discours fut qu'un soir où elle avait montré tous les signes d'une excitation inhabituelle, Mme Sinico lui saisit la main avec la passion et la pressa contre sa joue.

M. Duffy fut très surpris. La manière dont elle interprétait ses paroles le déçut. Il ne lui rendit pas visite pendant une semaine, puis il lui écrivit, lui demandant de se rencontrer. Comme il ne voulait pas que leur dernière entrevue fût troublée par l'atmosphère de leur confessionnal ruiné, ils se retrouvèrent dans une petite pâtisserie près de Parkgate. Il faisait un temps froid d'automne, mais malgré le froid, ils arpentèrent de long en large les allées du parc pendant près de trois heures. Ils se mirent d'accord pour mettre fin à leurs relations : chaque lien, disait-il, est un lien vers le chagrin. Quand ils sortirent du parc, ils marchèrent en silence vers le tramway ; mais alors, elle se mit à trembler si violemment que, craignant une autre crise de sa part, il lui adieu rapidement et la quitta. Quelques jours plus tard, il reçut un paquet contenant ses livres et sa musique.

Quatre années s'écoulèrent. M. Duffy avait repris son mode de vie uniforme. Sa chambre témoignait encore de l'ordre de son esprit. Quelques nouveaux morceaux de musique encombraient le casier à musique de la pièce du bas et sur ses étagères se trouvaient deux volumes de Nietzsche : *Ainsi parlait Zarathoustra* et *Le Gai Savoir*. Il écrivait rarement sur les feuillets qui étaient sur son bureau. Une des phrases, écrite deux mois après sa dernière rencontre avec Mme Sinico disait : « L'amour d'un homme à un homme est impossible parce qu'il ne doit pas y avoir de rapports sexuels et l'amitié entre un homme et une femme est impossible parce qu'il doit y avoir des rapports sexuels ». Il évitait les concerts de peur de la rencontrer. Son père mourut ; le plus jeune associé de la banque se retira. Et pourtant, chaque matin, il se rendait dans la ville en tramway et chaque soir, il rentrait chez lui à pied, après avoir dîné modérément dans George's Street et avoir lu le journal du soir en guise de dessert.

Un soir, alors qu'il était sur le point de mettre un morceau de bœuf au chou dans sa bouche, sa main s'arrêta. Ses yeux s'arrêtèrent sur un paragraphe du journal du soir qu'il avait appuyé contre la carafe d'eau. Il replaça le morceau de nourriture dans son assiette et lut attentivement le paragraphe. Puis il but un verre d'eau, poussa son assiette sur le côté, plia le journal devant lui entre ses coudes et lut le passage encore et encore. Le chou commençait à déposer une graisse blanche et froide sur son assiette. La servante vint lui demander si son dîner n'était pas bien cuit. Il répondit que le dîner était très bon et en mangea quelques bouchées avec difficultés. Puis il paya la note et sortit.

Il marchait vite à travers le crépuscule de novembre, sa forte canne de coudrier frappant régulièrement le sol, le coin jauni du Mail dépassait d'une poche de son pardessus. Sur la route solitaire qui mène de Parkgate à Chapelizod, il ralentit le rythme. Sa canne frappa le sol avec moins d'assurance et son souffle s'échappant irrégulièrement, presque en soupirs, se condensait dans l'air hivernal. En arrivant chez lui, il monta directement dans sa chambre et sortit le journal de sa poche, il relut le paragraphe à la lumière du jour qui diminuait. Il ne lisait pas à voix haute, mais il remuait les lèvres comme le fait le prêtre lorsqu'il lit les prières. Le paragraphe était rédigé ainsi :

MORT D'UNE FEMME A SYDNEY PARADE
UN CAS DOULOUREUX

Aujourd'hui, à l'hôpital de la ville de Dublin, le coroner adjoint (M. Leverett étant absent) procéda à une enquête sur le corps de Mme Amélie Sinico, âgée de quarante-trois ans, tuée hier soir à la gare de Sydney Parade. L'enquête a démontré que la victime, alors qu'elle s'apprêtait à traverser la voix, fut renversée par la locomotive du train de dix heures en provenance de Kingstown, et que des lésions à la tête et au côté droit entraînèrent la mort.

James Lennon, le conducteur de la locomotive, déclara qu'il travaillait pour la compagnie depuis quinze ans. En entendant le coup de sifflet du chef de train, il mit le train en marche et, quelques secondes après arrêta la machine après avoir entendu des cris. Le train allait lentement.

P. Dunne, porteur de chemin de fer, déclara qu'au moment où le train s'apprêtait à partir, il remarqua une femme qui essayait de traverser la voix. Il courut vers elle en criant, mais avant qu'il ne puisse l'atteindre, elle fut happée par le tampon du moteur et fût projetée sur le sol.

Un juré – L'avez-vous vue tomber ?

Témoin – Oui.

Le sergent Croly déclara qu'à son arrivée sur les lieux, il avait trouvé la victime allongée sur le quai, visiblement morte. Il fit transporter le corps à la salle d'attente en attendant l'arrivée de l'ambulance.

L'agent de police 57[E] confirma cette version.

Le docteur Halpin, assistant-chirurgien de l'hôpital de la ville de Dublin, déclara que la victime avait deux côtes inférieures fracturées et de graves contusions sur l'épaule droite. Le côté droit de la tête avait été touché lors de la chute. Les lésions n'étaient pas suffisantes pour expliquer la mort d'une personne normale. Selon lui, la mort était probablement due à un choc et d'une soudaine défaillance du cœur.

M. H. B. Patterson Finlay, au nom de la compagnie de chemin de fer, a exprimé ses profonds regrets au sujet de l'accident. La compagnie avait toujours pris toutes les précautions nécessaires pour empêcher les gens de traverser la voix autrement que par les passerelles, d'une part en plaçant à cet effet des avis dans toutes les gares, d'autre part en utilisant des barrières automatiques d'un modèle breveté aux passages à niveau. La défunte avait l'habitude de traverser les voies tard dans la nuit et, compte tenu de certaines autres circonstances de l'affaire, il ne pensait pas que les responsables des chemins de fer étaient à blâmer.

Le capitaine Sinico, habitant à Leoville, Sydney Parade, mari de la défunte, témoigna également. Il confirma que la défunte était bien sa femme. Il n'était pas à Dublin au moment de l'accident, car il n'était arrivé que le matin même de Rotterdam. Ils étaient mariés depuis vingt-deux ans et avaient vécu heureux jusqu'à il y avait environ deux ans, quand sa femme avait commencé à avoir des habitudes d'intempérance.

Mlle Mary Sinico dit que ces derniers temps sa mère avait l'habitude sortir la nuit pour acheter de l'alcool. Elle avait souvent tenté de raisonner sa mère et l'avait incitée à rejoindre une ligue antialcoolique. Elle n'était rentrée chez elle qu'une heure après l'incident. Le jury rendit un verdict conforme à la déposition du médecin et déchargea Lennon de toute responsabilité.

Le coroner adjoint dit que c'était un pénible accident et exprima toute sa sympathie au capitaine Sinico et à sa fille. Il exhorta la compagnie de chemin de fer à prendre des mesures pour empêcher que de tels accidents ne se reproduisent à l'avenir. Personne n'était responsable.

M. Duffy leva les yeux de son journal et regarda par la fenêtre le paysage morne du soir. La rivière coulait calmement le long de la distillerie vide et de temps en temps une lumière apparaissait dans une maison sur la route de Lucan. Quelle fin ! Tout le récit de sa mort le révoltait et il se révoltait à la pensée de lui avoir jamais parlé de ce qu'il considérait comme sacré. Les phrases rebattues, les témoignages de sympathie niais, les paroles prudentes du journaliste soudoyé pour dissimuler les détails d'une mort banale et vulgaire, lui portaient sur l'estomac. Non seulement elle s'était déshonorée mais elle l'avait déshonoré lui aussi. Il vit le tracé sordide de son vice, misérable et nauséabond. La compagne de son âme ! Il pensa aux malheureuses qu'il avait vues titubant, porter des bidons et des bouteilles pour les faire remplir par le barman. Juste Dieu, quelle fin ! Manifestement, elle avait été une femme inapte à vivre, sans force d'intention, une proie facile des habitudes, une de ces épaves sur laquelle la civilisation s'est élevée. Mais qu'elle put sombrer si bas ! Était-il possible qu'il se soit trompé à ce point à son sujet ? Il se souvint de son élan de cette nuit-là et l'interpréta plus sévèrement qu'il ne l'avait jamais fait. Il ne rencontrait aucune difficulté à se féliciter du parti qu'il avait pris.

Comme le jour tombait et que sa mémoire commençait à s'égarer, il crut sentir la main de la défunte toucher la sienne. Le choc, qui lui avait tout d'abord frappé son estomac, lui portait maintenant sur les nerfs. Il mit rapidement son pardessus, son chapeau et sortit. L'air froid le saisit sur le seuil et se glissa dans ses manches. Quand il eut atteint la brasserie de Chapelizod, il entra et se commanda un punch chaud.

Le patron le servit obséquieusement, mais n'osa pas parler. Il avait cinq ou six ouvriers dans la boutique qui discutaient de la valeur des domaines d'un propriétaire du comté de Kildare. Ils buvaient par intervalles dans leurs immenses chopes et fumaient, crachant souvent sur le sol et ramenant parfois avec leurs lourdes bottes la sciure du plancher pour recouvrir leurs crachats. M. Duffy était assis sur son tabouret et les fixait, sans les voir ni les entendre. Ils sortirent après un moment et M. Duffy demanda un autre punch. Il resta longtemps assis avec son verre. La boutique était très calme. Le patron s'étalait sur le comptoir lisant le *Herald* et bâillant. De temps à autre, on entendait dehors le tramway sur la route solitaire.

Alors qu'il était assis là, revivant leur vie ensemble et évoquant alternativement les deux images qu'il se faisait d'elle dorénavant, il se rendit compte qu'elle était vraiment morte, qu'elle avait cessé d'exister, qu'elle était devenue un souvenir. Il commença à se sentir mal à l'aise. Il se demanda ce qu'il aurait faire d'autre. Il n'aurait pas pu continuer avec elle cette comédie de tromperie ; il n'aurait pas pu vivre avec elle ouvertement. Pour quelle raison serait-il à blâmer ? Mais maintenant qu'elle était partie, il comprit à quel point avait dû être solitaire, assise nuit après nuit seule dans cette chambre. Sa vie à lui aussi serait solitaire jusqu'à ce que lui aussi mourrait, cesserait d'exister, deviendrait un souvenir ; si quelqu'un se souvenait de lui.

Il était neuf heures passées quand il quitta la boutique. La nuit était froide et sombre. Il entra dans le parc par la première grille et déambula sous les arbres décharnés. Il marcha dans les allées froides où ils s'étaient promenés tous les deux quatre ans auparavant. Elle semblait être près de lui dans l'obscurité. Par moments, il croyait sentir sa voix lui frôler l'oreille, sa main toucher la sienne. Il s'arrêta pour écouter. Pourquoi lui avait-il retiré la vie ? Pourquoi l'avait-il condamnée à mort ? Il sentait que toute sa nature morale s'effondrait.

Quand il fut arrivé au sommet du Magazine Hill, il s'arrêta et regarda le long de la rivière en direction de Dublin, dont brillaient les lumières rouges et hospitalières dans la nuit froide. Il regarda en bas de la pente et, tout en bas, dans l'ombre du mur du parc, il vit des formes humaines étendues. Ces amours vénaux et furtifs le remplirent de désespoir. Il était exaspéré par la droiture de son existence. Il se sentit exclu du festin de la vie. Un être humain avait semblé l'aimer et il lui avait refusé la vie et le bonheur : il l'avait condamnée à l'ignominie, à une mort honteuse. Il savait que les créatures prosternées au bas du mur l'observaient et souhaitaient qu'il parte. Personne ne vouait de lui ; il était exclu du festin de la vie. Il tourna les yeux vers la rivière grise miroitante qui serpentait dans la direction de Dublin. Au-delà de la rivière, il aperçut un train de marchandise onduler hors de la gare de Kingsbridge tel un vers à la tête enflammée qui serpente à travers les ténèbres, tenace et laborieux. Le train disparut lentement ; cependant, le souffle haletant de la locomotive persistait, bourdonnant à ses oreilles et répétant les syllabes du nom de Mme Sinico. Il se retourna pour emprunter le chemin par lequel il était venu, le rythme de la locomotive lui battait dans les oreilles. Il commença à douter de la réalité de ce que lui disait sa mémoire. Il s'arrêta sous un arbre et attendit que le rythme ne s'arrête. Il ne la sentait plus près de lui dans l'obscurité, sa voix ne résonnait plus à son oreille. Il attendit quelques minutes à l'écoute. Il n'entendit rien : la nuit était parfaitement silencieuse. Il écouta de nouveau : parfaitement silencieuse. Il sentit qu'il était seul.

IVY DAY DANS LA SALLE DES COMMISSIONS

Le vieux Jack rassembla les cendres avec un morceau de carton et les répandit judicieusement sur la coupole de blanchiment des charbons. Quand la coupole fut à peine couverte, son visage s'évanouit dans l'obscurité, mais, quand il se mit à attiser le feu, son ombre accroupie escalada sur le mur opposé et son visage resurgit lentement dans la lumière. C'était le visage d'un vieil homme, très osseux et poilu. Ses yeux bleus, humides, clignotaient face au feu et sa bouche humide retombait parfois, mâchonnant une ou deux fois mécaniquement lorsqu'elle se refermait. Quand le feu eut pris, il posa le morceau de carton contre le mur, soupira et dit :

- Voilà qui est mieux maintenant, M. O'Connor.

M. O'Connor, un jeune homme aux cheveux gris, défiguré par de nombreuses taches et boutons, venait justement de rouler une cigarette ; mais lorsqu'on lui parlait, il défit pensivement son œuvre. Puis, toujours pensivement, il se remit à rouler son tabac et, après un moment de réflexion, il décida de lécher le papier.

- M. Tierney a-t-il dit quand il reviendrait ? demanda-t-il d'une voix enrouée et un peu aigue.

- Il ne l'a pas dit.

M. O'Connor mit sa cigarette à la bouche et commença à fouiller ses poches. Il sortit un paquet de petits cartons.

- Je vais vous chercher une allumette, dit le vieil homme.
- Pas la pine, cela fera l'affaire, dit M. O'Connor.

Il choisit une des cartes et lut ce qui y était imprimé.
ELECTIONS MUNICIPALES
ARRONDISSEMENT DE LA BOURSE

M. Richard J. Tierney, P.L.G., vous prie respectueusement de favoriser de votre vote et de votre influence lors des prochaines élections de la Bourse.

M. O'Connor avait été engagé par un agent de Tierney pour solliciter une partie de l'arrondissement, mais, comme le temps était mauvais et ses bottes mouillées, il passa une grande partie de la journée assis près du feu dans la salle du comité de Wicklow Street avec Jack, le vieux concierge. Ils étaient assis ainsi depuis le crépuscule de cette journée si courte. C'était le 6 octobre, il faisait un temps morne et froid dehors.

M. O'Conor déchira une des cartes et après avoir enflammé un morceau, il alluma sa cigarette. Pendant qu'il le faisait, la flemme éclaira une feuille de lierre sombre et luisante au revers de son costume. Le vieil homme le regarda attentivement, puis, prenant de nouveau le morceau de carton, commença à éventer lentement le feu pendant que son compagnon fumait.

- Ah oui ! dit-il en continuant, il est difficile de savoir comment élever des enfants. Qui aurait cru qu'il tournerait comme cela ? Je l'ai envoyé aux frères de l'école chrétienne et j'ai fait tout ce que j'ai pu pour lui et le voilà qui se promène. J'avais pourtant d'en faire quelque chose de décent.

D'un geste las, il remit en place le carton.

- Je suis vieux maintenant, sinon je le ferais danser sur un air différent. Je lui donnerais une correction si sévère que mon bras en resterait raide, comme je l'ai fait maintes fois par le passé. C'est la mère, vous savez, elle le pourrit.

- C'est ce qui ruine les enfants, dit M. O'Connor.

- Bien sûr, certainement, dit le vieil homme, et en guise de remerciement on a que de l'impertinence. Il prend le dessus sur moi dès qu'il voit que j'ai bu un coup. Où allons-nous si les fils se mettent à parler ainsi à leur père ?

- Quel âge a-t-il ? demanda O'Connor.

- Dix-neuf ans, dit le vieil homme.

- Pourquoi ne lui faites-vous pas se mettre au travail ?

- Est-ce que je n'ai rien fait pour ce pochard depuis qu'il a quitté l'école ? Je lui dis « Je ne veux pas t'entretenir, trouve-toi un travail toi-même » ; mais c'est pire lorsqu'il trouve un emploi. Il boit tout.

M. O'Connor hocha la tête avec sympathie, et le vieil homme se tut, regardant le feu. Quelqu'un ouvrit la porte de la pièce et cria :

- Bonjour ! C'est une réunion de francs-maçons ici ?

- Qui est-ce ? demanda le vieil homme.

- Qu'est-ce que vous faites dans le noir ? demanda une voix.

- Est-ce vous Hynes ? demanda M. O'Connor.

- Oui c'est moi mais que faites-vous dans le noir, dit M. Hynes en s'avançant vers la lumière du feu.

C'était un grand jeune homme mince, à la moustache châtain clair. De fines gouttes de pluie perlaient sur le bord de son chapeau et le col de son manteau était relevé.

- Eh bien, Mat, dit-il à M. O'Connor, comment ça va ?

M. O'Connor hocha la tête. Le vieil homme s'éloigna du foyer et, après avoir tâtonné à travers la pièce, il revint avec deux chandeliers qu'il approcha du feu l'un après l'autre et les posa sur la table. Une pièce dénudée apparut à la lumière et le feu perdit tout son éclat joyeux. Les murs de la pièce étaient nus, à l'exception de la copie d'un discours électoral. Au milieu de la pièce se trouvait une petite table sur laquelle étaient empilés des papiers. M. Hynes s'appuya contre la cheminée et demanda :

- Vous a-t-il déjà payé ?

- Pas encore, dit M. O'Connor. J'espère que Dieu ne nous laissera pas dans le pétrin ce soir.

M. Hynes se mit à rire.

- Oh, il vous paiera ! N'ayez crainte, dit-il.

- J'espère qu'il sera sérieux s'il veut faire affaire, déclara M. O'Connor.

- Qu'en pensez-vous Jack ? dit M. Hynes avec ironie au vieil homme.

Le vieil homme reprit sa place près du feu et dit :

- Il ne manque pas de ressources. Pas comme l'autre bricoleur.

- Quel autre bricoleur ? dit M. Hynes.

- Colgan ! dit le vieil homme avec mépris.

- C'est parce que Colgan est un ouvrier que vous dites cela ? Quelle est la différence entre un maçon brave et honnête et un publicain, eh ? L'ouvrier n'a-t-il pas autant le droit qu'un autre à faire partie du conseil municipal et même plus de droit qu'un de ces opportunistes qui s'inclinent toujours devant quelque riche personnage au nom ronflant ? N'est-ce pas vrai, Mat ? dit M. Hynes en s'adressant à M. O'Connor.

- Je pense que vous avez raison, dit M. O'Connor.

- L'un est un homme simple et honnête qui n'a rien de louche. Il va représenter la classe ouvrière. Ce gars pour lequel vous travaillez ne cherche uniquement à obtenir un emploi quelconque.

- Bien sûr, la classe ouvrière devrait être représentée, dit le vieil homme.

- L'ouvrier, dit M. Hynes, ne reçoit que des coups et pas un demi-penny. Mais c'est le travail qui produit tout. L'ouvrier ne cherche pas d'emploi important pour ses fils, ses neveux ou ses cousins. L'ouvrier ne va pas traîner dans la boue l'honneur de Dublin, ni faire plaisir à un monarque allemand.

- Comment ça ? dit le vieil homme.

- Ne savez-vous pas qu'ils veulent présenter un discours de bienvenue à Edouard roi s'il vient ici l'année prochaine ? Pourquoi nous prosterner devant un roi étranger ?

- Notre homme ne votera pas pour le discours, dit M. O'Connor. Il marche avec le parti nationaliste.

- Vous en êtes certain ? dit M. Hynes. Attendez de voir s'il le fera ou non. Je le connais. Est-ce Tricky Dicky Tierney ?

- Bon Dieu ! Peut-être avez-vous raison Joe, Quoi qu'il en soit, j'aimerais qu'il apporte la galette.

Les trois hommes se turent. Le vieil homme commença à ramasser les cendres. M. Hynes enleva son chapeau, le secoua, puis baissa le col de son manteau, montrant, par ce geste, une feuille de lierre sur le revers.

- Si celui-ci était vivant, dit-il en montrant la feuille, nous ne parlerions pas d'un discours de bienvenue.

- C'est vrai, dit M. O'Connor.

- Ma mère ! Dieu était avec nous en ces temps-là, dit le vieil homme, il y avait de la vie.

La pièce redevint silencieuse. Puis un petit homme agité, reniflant, aux oreilles gelées, poussa la porte. Il s'approcha rapidement du feu, se frottant les mains comme s'il pensait en faire jaillir une étincelle.

- Pas d'argent, les garçons, dit-il.

- Asseyez-vous ici, monsieur Henchy, dit le vieil homme en lui offrant sa chaise.

- Ne bougez pas Jack, ne bougez pas, dit M. Henchy.

Il salua sèchement M. Hynes d'un signe de tête et s'assit sur la chaise que le vieil homme venait de libérer.

- Avez-vous distribué dans Augier Street ? demanda-t-il à M. O'Connor.

- Oui, dit M. O'Connor qui se mit à fouiller ses poches à la recherche de son carnet de notes.

- Etes-vous passé chez Grimes ?

- J'y suis passé.

- Eh bien ? Comment se porte-t-il ?

- Il n'a rien promis. Il a répondu : « Je ne dirai à personne pour qui je vais voter. » Mais je pense que nous l'avons.

- Pourquoi donc ?

- Il m'a demandé les noms des candidats et je lui ai donnés. J'ai mentionné le père Burke. Je pense que ça marchera.

M. Henchy se mit à renifler et à se frotter les mains au-dessus du feu à une vitesse effrayante. Puis il dit :

- Pour l'amour de Dieu, Jack, apporte-nous un peu de charbon. Il doit en rester.

Le vieil homme sortit de la pièce.

- Ce n'est pas possible, dit M. Henchy, en secouant la tête, j'ai interrogé le petit cordonnier mais il m'a dit : « Il est certain, monsieur Henchy, quand je verrai que le travail marche bien, je ne vous oublierai pas, soyez-en sûrs. Petit misérable ! Pardieu, comment pouvait-il être autre chose ?

- Qu'est-ce que je vous avais dit, Mat ? dit M. Hynes. Tricky Dicky Tierney.

- Oh ! Il est rusé comme personne ! dit M. Henchy. Il n'a pas ces petits yeux d cochon pour rien. Que le diable l'emporte ! Ne pouvait-il payer un homme au lieu de vous dire : « Oh ! M. Henchy, je dois parler à M. Fanning, j'ai dépensé beaucoup d'argent. » Ah ! Méchant petit cordonnier de l'enfer ! Je suppose qu'il a oublié l'époque où son vieux père tenait une boutique à Mary's Lane.

- Mais est-ce bien vrai ? demanda M. O'Connor.

- Bon Dieu, c'est le cas, dit M. Henchy. Ne l'avez-vous jamais entendu ? Même que les gens avaient l'habitude d'y aller le dimanche matin avant l'ouverture des bistrots, pour acheter un gilet ou un pantalon. Oui mais le vieux père de Tricky Dicky avait toujours une petite bouteille noire dans un coin. Vous comprenez maintenant ? C'est comme ça qu'il a vu le jour.

Le vieil homme revint avec quelques morceaux de charbon qu'il posa çà et là sur le feu.

- En voilà une histoire ! dit M. O'Connor. Comment peut-il pouvoir que nous travaillions pour lui s'il ne veut pas mettre la main à la poche ?

- Je n'y peux rien, dit M. Henchy, je m'attends à trouver les huissiers devant chez moi en rentrant.

M. Hynes se mit à rire, et en s'éloignant de la cheminée par un mouvement d'épaule, il se prépara à partir.

- Tout ira bien quand le roi Eddie arrivera, dit-il, eh bien, les gars, je m'en vais. A tout à l'heure. Au revoir !

Il sortit lentement de la pièce, ni M. Henchy ni le vieil homme ne lui répondirent ; mais au moment où la porte se referma, M. O'Connor, qui jusque-là jetait un regard morne au feu, s'écria tout à coup :

- Au revoir Joe !

M. Henchy attendit quelques instants, puis désignant la porte de la tête il dit :

- Dites-moi, dit-il de l'autre côté de la cheminée, qu'est-ce qui amène notre ami ici ? Que veut-il ?

- Eh parbleu ! mon, pauvre Joe, dit M. O'Connor en jetant son mégot dans le feu, il est dans la mouise comme nous tous.

M. Henchy renifla vigoureusement, puis cracha avec tellement d'entrain qu'il faillit éteindre le feu, qui émit un sifflement de protestation.

- Pour vous donner ma franche opinion, dit-il, je pense que c'est un homme de l'autre camp. C'est un espion de Colgan, si vous voulez mon avis. Il suffit de faire un tour là-bas et chercher à voir ce qu'ils font. Ils ne vous soupçonneront pas. C'est ok ?

- Ah ! Ce pauvre Joe me paraît être quelqu'un de bien, dit M. Connor.

- Son père était un homme digne et responsable, reconnut M. Henchy. Pauvre vieux Larry Hynes ! Il en a fait plus d'une en son temps ! Mais je crains bien que notre ami ne soit pas si honnête. Bon sang, je peux comprendre qu'on soit dans une mauvaise situation mais ce que je ne comprends pas c'est comment il peut être un tel opportuniste. Ne pourrait-il pas avoir ne serait-ce qu'une étincelle de virilité en lui ?

- Il n'a pas d'accueil chaleureux de ma part lorsqu'il vient, dit le vieil homme. Laissez-le travailler pour son propre parti et qu'il n'aille pas espionner chez les autres.

- Je ne sais pas, dit M. O' Connor sur un ton hésitant, tandis qu'il sortait son papier à cigarettes et son tabac. Je pense que Joe Hynes est un homme loyal. Il est aussi très doué pour l'écriture. Vous souvenez-vous de cette chose qu'il avait écrite ?

- Certains de ses intransigeants et fenians sont même un peu trop intelligents à mon avis, dit M. Henchy ; pour être tout à fait honnête, je pense qu'une partie de ces petits farceurs est soudoyée par le gouvernement.

- C'est possible, dit le vieil homme.

- Oh ! mais c'est un fait, dit M. Henchy, ce sont les hommes du gouvernement... Je ne dis pas ça pour Hynes... Non, bon sang, je pense qu'il encore plus haut mais celui auquel je fais allusion est un petit gentilhomme avec un œil qui louche, le patriote, vous savez...

M. O'Connor acquiesça de la tête.

- Il y en a un là, de descendant direct du Major Sirr si vous voulez ! Ô sang du cœur d'un patriote ! Maintenant, c'est un homme qui vendrait son pays pour huit sous, eh oui, et pas seulement, il irait ensuite remercier le Tout Puissant de lui avoir donné son pays à vendre.

Quelqu'un frappa à la porte.

- Entrez, dit M. Henchy.

Une personne ressemblant à un pauvre pasteur ou à un pauvre acteur apparut au seuil de la porte. Ses vêtements noirs étaient étroitement boutonnés sur son petit corps, il était impossible de dire s'il portait un col de clergé ou un col de laïc, car le col de son maigre manteau, dont les boutons reflétaient la lumière de la bougie, était relevé autour de son cou. Il portait un chapeau rond en feutre noir. Son visage, qui scintillait de petites gouttes de pluie, ressemblait à un fromage jaune humide, sauf à l'endroit où se trouvaient deux taches roses qui indiquaient les pommettes. Il ouvrit soudain la bouche, pour exprimer sa déception et, en même temps, il écarquilla les yeux, d'un bleu très clair, pour exprimer son plaisir et sa surprise.

- Oh ! Père Keon, dit M. Henchy en sautant de sa chaise, c'est vous ? Entrez !

- Oh ! Non, non, non, dit vivement père Keon, en manifestant sa réticence comme s'il s'adressait à un enfant.

- Ne voulez-vous pas entrer et vous asseoir ?

- Non, non, non, dit le père Keon, s'exprimant d'une voix discrète, indulgente et veloutée, je ne veux pas vous déranger, je cherche M. Fanning...

- Il est allé faire un tour à l'Aigle-Noir, déclara M. Henchy. Mais ne voulez-vous pas entrer et vous asseoir une minute ?

- Non, non, merci, je n'avais juste quelques mots à lui dire, dit le père Keon. Merci beaucoup.

- Il s'éloigna de la porte et M. Henchy, prenant un des chandeliers, l'accompagna jusqu'à la porte pour l'éclairer dans la descente des escaliers.

- Oh, mais ne vous embêtez pas, je vous en prie !

- Non, mais l'escalier est si sombre.

- Non, non, je vois... Merci beaucoup.

- Vous y êtes ?

- J'y suis, merci... Merci.

M. Henchy revint avec le chandelier et le posa sur la table. Il s'assit de nouveau près du feu ; il y eut un silence quelques instants.

- Dites-moi John, dit M. O'Connor en allumant sa cigarette avec un autre carton.

- Oui ?

- Qui est cet homme exactement ?

- Je ne sais pas trop, répondit M. Henchy.

- Fanning et lui semblent être très proches. Ils sont souvent ensemble chez Kavanagh. Tout d'abord, est-il vraiment curé ?

- Euh... oui, je crois... Je pense qu'il est ce qu'on appelle un mouton noir. Nous n'en avons pas beaucoup, Dieu merci ! Mais nous en avons quelques-uns... C'est en quelque sorte un malheureux...

- Et comment se débrouille-t-il ? demanda M. O'Connor.

- C'est un autre mystère, dit M. Henchy.

- Est-il rattaché à une chapelle, à une église, à une institution ?

- Non, dit M. Henchy, je crois qu'il voyage pour son propre compte... Dieu me pardonne, ajouta-t-il, lorsqu'il est entré je pensais que c'étaient les bouteilles de stout.

- Est-ce qu'il va arriver ce stout ? demanda M. O'Connor.

- J'ai la gorge sèche moi aussi, dit le vieil homme.

- J'ai demandé trois fois à ce petit cordonnier, dit M. Henchy, de me faire apporter douze bouteilles de stout. Je les lui ai redemandées plus tôt, mais il était appuyé sur le comptoir, en manches de chemise, qui discutait sérieusement avec Alderman Cowley.

- Pourquoi ne le lui avez-vous pas rappelé ? demanda M. O'Connor.

- Je ne pouvais pas l'interrompre pendant qu'il parlait avec Alderman Cowley. J'ai attendu qu'il me regarde et je lui ai dit : au sujet de cette petite affaire dont nous avons parlé... « Compris, monsieur Henchy », a-t-il répondu. Vous verrez, c'est sûr que ce nabot aura oublié.

- Il se passe quelque chose dans ce coin-là, dit pensivement M. O'Connor. Je les ai vus tous les trois à l'angle de Suffolk Street.

- Je pense comprendre leur petit jeu, dit M. Henchy. Si vous voulez devenir Lord Mayor, il vous faut devoir de l'argent à toute la ville. Alors, ils vous feront Lord Mayor. Par Dieu ! J'ai envie de m'en mettre plein les poches, moi aussi. Qu'en pensez-vous ? Pensez-vous que je sois fait pour cela ?

M. O' Connor se mit à rire.

- S'il ne s'agit que de devoir de l'argent...

- Sortant de la mairie en voiture, dit M. Henchy, avec mon col de vermine et Jack derrière en perruque poudrée, hein ?

- Et moi en tant que secrétaire particulier, John ?

- Bien sûr, et je ferai du père Keon mon aumônier privé, en famille quoi !

- Ma foi M. Henchy, dit le vieil homme, vous conserveriez mieux votre rang que beaucoup d'entre eux. Un jour je parlais au vieux Keegan le concierge et je lui disais : « Eh bien Pat, que pensez-vous de votre nouveau patron ? Vous n'avez pas beaucoup de divertissement en ce moment. » et il me répondit : « De divertissement ! qu'il me dit. Je crois que, s'il pouvait, il vivrait de l'air du temps. » Et savez-vous ce qu'il m'a dit ? Non, devant Dieu qui m'entend, je ne l'ai pas cru.

- Que vous a-t-il dit ? répondirent M. Henchy et M. O'Connor.

- Il m'a dit : « Que penseriez-vous d'un Lord Mayor de Dublin qui enverrait chercher une livre de côtelettes pour son dîner ? Vous parlez d'une grande vie ! » il me dit. Et je lui ai répondu : « Hé hé, quel genre de personnes nous gouvernent aujourd'hui ? »

Au même moment, on frappa à la porte, et un gamin montra sa tête dans l'entrebâillement de la porte.

- Qu'est-ce que c'est ? demanda le vieil homme.

- C'est de l'Aigle Noir, dit le garçon qui entra marchant de travers, et il déposa sur le sol un panier d'où provenait un cliquetis de bouteilles. Le vieil homme aida le garçon à les sortir du panier et à les déposer sur la table, et il vérifia si le compte était bon. Mais lorsque les bouteilles furent sur la table, le garçon pris le panier à son bras et demanda les bouteilles.

- Lesquelles ? dit le vieil homme.

- Ne nous laisseras-tu pas les boire d'abord ? dit M. Henchy.

- On m'a dit de redemander les bouteilles.

- Reviens demain, dis le vieil homme.

- Dis donc, jeune homme, dit M. Henchy, fais un saut chez O'Farrel veux-tu ? Et demande-lui de nous prêter un tire-bouchon. Dis que c'est pour M. Henchy. Dis-lui que nous n'en avons que pour cinq minutes. Laisse ton panier.

Le garçon sortit et M. Henchy se mit à se frotter joyeusement les mains en disant :

- Ah ! Bon, il n'est pas si méchant que ça après tout. C'est un homme de parole en tout cas.

- Il n'y a pas de verres, dit le vieil homme.

- Ne t'inquiète pas Jack ! Beaucoup de gens bien ont bu à la bouteille avant nous.

- En tout cas, c'est mieux que rien, dit M. O'Connor.

- Il n'est pas si méchant, si ce n'est que Fanning le tient. Ses intentions ne sont pas mauvaises à sa façon.

Le garçon revint avec le tire-bouchon, le vieil homme ouvrit trois bouteilles et s'apprêtait à rendre le tire-bouchon quand M. Henchy dit :

- Un verre, mon garçon ?
- Ce n'est pas de refus, dit le garçon.

Le vieil homme ouvrit une autre bouteille un peu à contrecœur et la tendit au garçon.

- Quel âge as-tu ? demanda-t-il.
- Dix-sept ans.

Comme le vieil homme restait silencieux, le garçon prit la bouteille et dit :

- Tous mes respects à M. Henchy.

Il visa la bouteille, la replaça sur la table et s'essuya la bouche du revers de la manche. Puis il reprit le tire-bouchon et ressortit avec la même démarche de biais en murmurant une sorte de salutation.

- C'est comme ça que ça commence, dit le vieil homme.
- Un pied de pris, dit M. Henchy.

Le vieil homme distribua les trois bouteilles qu'il avait ouvertes et les hommes se mirent à boire en même temps. Après avoir bu, chacun plaça sa bouteille sur la cheminée à portée de main et poussa un long soupir de satisfaction.

- Eh bien ! Je n'ai pas perdu ma journée aujourd'hui, dit M. Henchy, après un silence.

- C'est vrai, ça, John ?

- Oui, je lui ai trouvé deux ou trois bonnes occasions à Dawson Street, Crofton et moi. Entre nous, vous savez, Crofton est un homme honnête, mais il ne vaut rien comme agent électoral. Il ne sait pas parler aux gens. Il reste planté là, il les regarde alors que c'est moi qui fais l'article.

Ici, deux hommes entrèrent dans la pièce ; l'un d'eux était un homme très gros dont le costume de serge bleue semblait prêt à glisser de sa silhouette inclinée. Il avait un large visage dont l'expression rappelait celle d'un jeune bœuf, des yeux bleus et une moustache grisonnante. L'autre homme, d'apparence plus jeune et plus frêle, avait le visage maigre et rasé. Il portait un col double très haut et un chapeau melon à larges bords.

- Bonjour Crofton, dit M. Henchy au gros homme, quand on parle du loup !

- D'où vient tout ce stout ? Est-ce que la vache a vêlé ?

- Oh, bien sûr, Lyons voit tout de suite la boisson, dit M. O'Connor en riant.

- C'est ainsi que vous faites votre propagande électorale, pendant que Crofton et moi nous courons les rues dans le froid et à la pluie pour racoler des votes, dit M. Lyons.

- Eh ne vous en déplaise ! Je gagne plus de votes en cinq minutes que vous en une semaine.

- Ouvrez vos bouteilles de stout, dit M. O'Connor.

- Comment puis-je, dit le vieil homme, je n'ai pas de tire-bouchon ?

- Attends, attends, dit M. Henchy en se levant rapidement, as-tu déjà vu ce petit tour ?

Il prit deux bouteilles sur la table, les plaça sur la grille au-dessus du feu. Puis il se rassit près de la cheminée et but un nouveau coup. M. Lyons s'assit sur le bord de la table, repoussa son chapeau en arrière, balançant les jambes.

- Quelle est ma bouteille ? demanda-t-il.
- Celle-ci, dit M. Henchy.

M. Crofton s'assit sur une boîte et regarda fixement l'autre bouteille devant lui. Il a gardé le silence pour deux raisons. La première étant, suffisante en elle-même, était qu'il n'avait rien à dire. La seconde était qu'il considérait ses compagnons comme radicalement inférieurs. Il avait été agent électoral pour Wilkins, le conservateur. Mais lorsque les conservateurs eurent retiré leur candidature et, choisissant le moindre mal des deux, donné leur appui au candidat nationaliste, il avait été engagé pour travailler pour M. Tierney.

Quelques minutes plus tard, on entendit un « Pok !» et le bouchon sauta de la bouteille destinée à M. Lyons. Celui-ci sauta de la table, s'approcha du feu, prit sa bouteille et retourna à la table.

- Justement, j'étais en train de leur dire Crofton, que nous avons gagné un bon nombre de votes aujourd'hui, dit M. Henchy.

- Qui avez-vous gagné ? demanda M. Lyons.

- Eh bien, en premier j'ai Parkes, en second Atkinson et puis Ward de Dawson Street. C'est un gaillard de bonne étoffe, un bon camarade, un vieux conservateur ! « Est-ce que votre candidat n'est pas nationaliste ? » qu'il me dit, et je lui ai répondu : « C'est un homme respectable, il est favorable à tout ce qui sera utile à ce pays. C'est un gros contribuable. Il a de grands immeubles en ville, trois bureaux ; et est-ce que ce n'est pas son propre avantage de vouloir faire baisser les impôts ? C'est un citoyen éminent et respecté lui dis-je, c'est un administrateur de l'hospice, et il n'est d'aucun parti, bon, mauvais ou indifférent. » Voilà la façon de leur parler.

- Et qu'en est-il de l'adresse au roi ? dit M. Lyons, faisant claquer ses lèvres après avoir bu.

- Ecoutez-moi, dit M. Henchy ; ce que nous voulons dans le pays, comme je disais au vieux Ward, c'est du capital. La venue du roi ici équivaut à un afflux d'argent dans le pays. Les citoyens de Dublin en profiteront. Regardez toutes les usines fermées le long des quais, là-bas. Regardez tout l'argent que l'on gagnerait si l'on faisait travailler les vieilles industries, les moulins, les hangars de construction maritimes, les fabriques. Ce sont des capitaux que nous voulons.

- Mais John, dit M. O'Connor, pourquoi devrions-nous souhaiter la bienvenue au roi d'Angleterre ? N'est-ce pas Parnell lui-même...

- Parnell, dit M. Henchy, est mort. Voici comment je vois les choses : notre gaillard monte sur le trône après que sa bonne vieille mère l'en a éloigné jusqu'à ce qu'il ait les cheveux gris. C'est un homme du monde et il est avec nous. C'est un type bien et décent, si vous voulez mon avis, et il n'a rien de bête dans la tête. Il doit se dire : « La vieille n'est jamais venue voir ces irlandais intraitables et, pardieu, j'irai voir moi-même ce qu'il en est. » Et nous, nous irions insulter cet homme, lorsqu'il viendra ici pour une visite amicale ? Eh ? N'ai-je pas raison Crofton ?

M. Crofton hocha la tête.

- Mais après tout, dit Lyons sur un ton péremptoire, la vie du roi Edouard n'est pas tout ce qu'il y a de...

- Le passé est passé, dit M. Henchy, j'admire cet homme en tant qu'individu, c'est bon vadrouilleur comme vous et moi... Il aime son verre de grog, il ne déteste pas la blague et c'est un bon sportif. Pardieu, nous autres, Irlandais, ne pouvons-nous pas jouer franc-jeu ?

- Ça, c'est très bien, dit M. Lyon, mais regardez le cas de Parnell.

- Au nom de Dieu, dit M. Henchy, quelle est l'analogie entre ces deux cas ?

- Ce que je veux dire, dit M. Lyons, c'est que nous avons nos idéaux. Pourquoi accueillir un tel homme ? Pensez-vous maintenant qu'après ce qu'il a fait, Parnell était l'homme apte à nous diriger ? Et pourquoi l'accepterions-nous d'Edouard VII ?

- Aujourd'hui c'est l'anniversaire de Parnell, ne réveillons pas de mauvais souvenirs. Nous le respectons tous maintenant qu'il est mort et enterré. Même les conservateurs, ajouta-t-il en se tournant vers M. Crofton.

« Pok ! » Le bouchon tardif s'envola de la bouteille de M. Crofton. M. Crofton se leva de sa boîte et s'avança vers le feu ; lorsqu'il revint avec son butin, il dit d'une voix grave :

- Notre parti le respecte parce que c'était un gentleman.

- Vous avez raison Crofton ! dit violemment monsieur Henchy. Il était le seul homme qui savait dompter cette ménagerie. Couchez chiens, couchez maudits que vous êtes ! C'est ainsi qu'il les traitait ? Entrez, Joe, Entrez ! cria-t-il, en apercevant M. Hynes sur le seuil de la porte.

M. Hynes entra lentement.

- Ouvre une autre bouteille de stout, Jack, dit M. Henchy. Ah ! j'oubliais qu'il n'y a pas de tire-bouchon. Tiens, donne-la-moi, je vais la mettre à côté du feu.

Le vieil homme lui tendit une autre bouteille et il la plaça sur la grille.

- Asseyez-vous, Joe, nous sommes en train de parler du patron.

- Hé, hé ! dit M. Henchy.

- M. Hynes s'assit sur le bord de la table, à côté de M. Lyons, sans ne rien dire.

- Il y en a un, tout au moins, qui ne l'a pas renié. Pour l'amour de Dieu, je le dis pour vous Joe ! Pardieu, vous vous êtes accroché lui comme un homme !

- Dis Joe, dit M. O'Connor soudainement. Montrez-nous ce que vous aviez écrit, vous en souvenez-vous ? Vous l'avez sur vous ?

- Oh oui ! dit M. Henchy. Donne-la-nous. Ecoute ça Crofton, c'est splendide.

- Allez-y, dit M. O'Connor, feu Joe !

M. Hynes sembla ne pas se souvenir tout de suite à quoi on faisait allusion. Mais après un instant de réflexion, il dit :

- Ah ! celle-là ! C'est bien vieux maintenant.

- Allons, arrêtez, dit M. O'Connor.

- Chut ! Chut ! dit M. Henchy, allons Joe !

M. Hynes hésita encore un peu, puis dans le silence, il ôta son chapeau, le posa sur la table et se leva. Il avait l'air de répéter la pièce dans sa tête. Après une longue pause, il annonça :

LA MORT DE PARNELL 6 OCTOBRE 1891

Il se racla la gorge et commença :

Il est mort. Notre roi sans couronne est mort.

Ô Erin, lamente-toi avec chagrin et douleur,

Car il gît mort, celui que la bande cruelle

Des hypocrites modernes ont terrassé.

Il est massacré par la meute lâche

Il a ressuscité de la boue à la gloire ;

Et les espoirs et les rêves de d'Erin

Périssent sur le bûcher de son monarque.

Dans les palais, dans les chaumières, dans les cabanes,

Partout où il y a un cœur irlandais,

Ce cœur est brisé de souffrance –, car il s'en est allé

Celui qui aurait forgé son destin.

Il aurait fait resplendir de gloire son Erin,

Déployer triomphalement le drapeau vert,

Élever ses chefs, ses bardes et ses guerriers

Devant les nations de l'univers.

Il rêvait – hélas ! ce ne fut qu'un rêve –

De liberté : mais tandis qu'il essayait

D'embrasser son idole, la trahison

L'arracha à ce qu'il aimait.

Honte aux lâches, les ignobles mains

Qui frappèrent leur seigneur, ou le livrèrent

Dans un embrassement, à la tourbe

De prêtres embarrassants, pas d'amis à lui.

Qu'une honte éternelle consume

La mémoire de ceux qui tentèrent

D'avilir et de souiller le nom tant aimé

De celui qui les dédaigna dans son orgueil.
Il tomba comme tombent les puissants,
Fièrement indompté jusqu'au trépas.
Et la mort l'a uni maintenant
Avec les héros du passé d'Erin.
Qu'aucune clameur de dispute ne vienne troubler son sommeil !
Calmement il repose : nulle souffrance humaine,
Nulle ambition exaltée ne le pousse maintenant
Vers les sommets de la gloire à atteindre.
Ils sont arrivés à leur fin, ils l'ont abattu,
Mais écoute, ô Erin, son esprit peut
Se lever à nouveau, comme le phénix ressuscité des flammes
Quand point l'aube du jour.
De ce jour qui nous apportera le règne de la liberté.
Et en ce jour Erin pourra bien
Mêler à ses coupes qu'elle lève à la joie
Un chagrin – le deuil de Parnell.

M. Hynes se rassit sur la table. Quand il eut fini, il y eut un moment de silence, puis une explosion d'applaudissements. Même M. Lyons applaudissait. Les applaudissements continuèrent pendant un instant. Quand ils eurent cessé, tous les auditeurs se mirent à boire à leur bouteille en silence.

« Pok ! » le bouchon sauta de la bouteille de M. Hynes, mais M. Hynes rouge et tête nue, resta assis sur la table. Il semblait ne pas avoir entendu l'invitation.

- Bien, vieux Joe, dit M. O'Connor en sortant de sa poche ses papiers à cigarettes et sa blague à tabac afin de mieux cacher son émotion.

- Qu'en pensez-vous Crofton ? s'écria M. Henchy. N'est-ce pas beau ? Hein ?

M. Crofton dit que c'était un très beau texte.

UNE MERE

M. Holohan, secrétaire adjoint de la société Eire Abu, parcourait Dublin depuis près d'un mois, les mains et les poches pleines de papiers sales, cherchant à organiser une série de concerts. Il boitait et à cause de cela ses amis le surnommaient Hoppy Holohan. Il allait et venait constamment, se tenait des heures entières aux coins des rues, discutant et prenant des notes ; mais, en fin de compte, ce fut Mme Kearney qui organisa tout.

Mlle Devlin était devenue Mme Kearney par dépit. Elle avait été élevée dans un couvent aristocratique où elle avait appris le français et la musique. Comme elle était naturellement pâle et raide dans ses manières, elle se fit peu d'amis à l'école. Lorsqu'elle fut en âge d'être mariée, on l'envoya chez de nombreux gens où on admirait beaucoup son jeu et ses manières ivoirines. Elle s'assit au milieu du cercle glacial de ses talents, elle vivait dans l'attente d'un prétendent qui braverait le cercle et viendrait lui offrir une brillante existence. Mais les jeunes hommes qu'elle rencontrait étaient ordinaires et elle ne leur donnait aucun encouragement, essayant de consoler ses désirs romantiques en mangeant en cachette beaucoup de rahat lokoum. Cependant, quand elle approcha de la maturité et que ses amis commencèrent à délier leur langue à propos d'elle, elle les fit taire en épousant M. Kearney, bottier sur le quai d'Osmond.

Il était beaucoup plus âgé qu'elle. Sa conversation toujours sérieuse avait lieu, par intervalles, dans sa grande barbe brune. Après sa première année de mariage, Mme Kearney comprit qu'un tel homme serait de meilleur usage qu'une personne romantique, mais elle ne mit jamais de côté son propre romantisme. Il était sobre, économe et pieux. Il allait à l'autel chaque premier vendredi, parfois avec elle, mais le plus souvent seul. Cependant elle ne faiblit jamais dans sa religion et fut une bonne épouse pour lui. Dans des réunions où ils étaient invités, à peine elle levait le sourcil, qu'il se levait pour prendre congé, et quand la toux le tourmentait, elle lui couvrait les pieds avec une petite couverture et lui préparait un punch au rhum magique. Quant à lui, c'était un père modèle. En versant chaque semaine une petite somme dans une société, il assurait à chacune de ses fille une dot de cent livres pour le jour où elles auraient atteint l'âge de vingt-quatre ans. Il envoya sa fille aînée,

Kathleen, dans un bon couvent où on lui apprit le français et la musique, avant de payer ses frais d'inscription au Conservatoire. Chaque année, au mois de juillet, Mme Kearney trouvait le moyen de dire à ses amies :

- Mon brave mari nous emmène à Skerries pour quelques semaines.

Lorsque ce n'était pas à Skerries, c'était à Howth ou à Greystone.

Quand la renaissance irlandaise commença à s'affirmer, Mme Kearney décida de profiter du nom de sa fille[3] et fit venir à la maison une institutrice irlandaise. Kathleen et sa sœur envoyaient des cartes postales irlandaises à leurs amis et leurs amis leur renvoyaient d'autres cartes postales irlandaises. Certains dimanches, alors que M. Kearney se rendait avec sa famille à la pro-cathédrale, un petit groupe se réunissait à la sortie de la messe au coin de Cathédral Street. Ils étaient tous des amis de Kearney, des amis du Conservatoire ou des amis du mouvement nationaliste et, lorsqu'ils avaient raconté tous leurs petits potins, ils se serraient la main, riant de voir tant de mains se croiser et se disant au revoir en irlandais. Le nom de Mlle Kaithleen Kearney ne tarda pas à être sur les toutes les lèvres. Les gens disaient qu'elle était très douée pour la musique, qu'elle était une fille très gentille et que de plus, elle croyait au mouvement linguistique. Mme Kearney était très satisfaite de tout cela. Elle ne fut donc pas surprise lorsqu'un jour M. Holohan vint chez elle lui proposer de prendre sa fille comme accompagnatrice dans une série de quatre grands concerts donnés par sa société à la salle des Concerts d'Antiennes. Mme Kearney l'amena dans le salon, le fit s'asseoir et sortit une carafe et un sceau à biscuits en argent. Elle se plongea dans les détails de l'entreprise, approuva ou critiqua ; finalement, un contrat fut établi aux termes duquel Kathleen devait recevoir huit guinées pour ses services d'accompagnatrice pour les quatre grands concerts.

Comme M. Holohan était novice dans des matières aussi délicates que celles de rédiger des prospectus, de disposer des numéros pour un programme, Mme Kearney l'aida. Elle avait du tact. Elle savait quels artistes devaient paraitre en vedette et lesquels devaient apparaitre en petits caractères. Elle savait que le ténor n'aimerait pas passer après le comique M. Meade. Pour garder le public continuellement diverti, elle glissa es numéros douteux entre les favoris. M. Holohan lui rendait visite tous les jours afin d'avoir son avis sur quelque point. Elle était invariablement amicale et de bon conseil, accueillante en résumé. Elle poussa la carafe d'eau vers lui en disant :

- Servez-vous M. Holohan.

Et pendant qu'il se servait elle disait :

- N'ayez pas peur, n'ayez pas peur, je vous en prie.

Tout se passa bien. Mme Kearney acheta une splendide charmeuse rose chez Browne Thomas, destinée à renouveler le devant de la robe de Kathleen. Cela lui coûta un bon penny ; mais il y a des occasions où une petite dépense est justifiable. Elle prit une douzaine de billets de deux shillings pour le dernier concert et les distribua aux amis sur lesquels elle n'aurait pu compter sans cela. Elle n'oublia rien et, grâce à elle, tout ce qu'il y avait à faire fut fait.

Les concerts devaient avoir lieu le mercredi, le jeudi, le vendredi et le samedi. Quand le mercredi soir Mme Kearney arriva avec sa fille à la salle des Concerts d'Antiennes, l'apparence des choses ne lui a pas plu. Quelques jeunes hommes, portant des insignes d'un bleu, se tenaient inactifs dans le vestibule ; aucun d'entre eux n'étaient en tenue de soirée. Elle passa avec sa fille et coup d'œil jeté à travers la porte entrouverte de la salle expliqua la nonchalance des commissaires. Au début, elle se demanda si elle ne s'était pas trompée d'heure. Mais non, il était huit heures moins vingt.

Dans le vestiaire derrière la scène, elle fut présentée au secrétaire de la société, M. Fitzpatrick. Elle sourit et lui serra la main. C'était un petit homme au visage blanc et inexpressif. Elle remarqua qu'il portait son chapeau mou sur le côté de la tête et qu'il avait un accent neutre. Il tenait un programme et, pendant qu'il lui parlait, il en mâchonnait le bout, le réduisant en bouillie. Il semblait supporter les désagréments. M. Holohan entrait dans le foyer toutes les deux minutes, avec des nouvelles du guichet. Les artistes parlaient nerveusement entre eux, se regardaient de temps en temps dans le miroir, roulaient et déroulaient leur cahier de musique. Vers huit heures et demie, les quelques personnes présentes dans la salle commencèrent à témoigner le désir d'être diverties. M. Fitzpatrick entra avec un sourire circulaire et niais sur les lèvres et dit :

- Eh bien, mesdames et messieurs. Je suppose que nous ferions mieux d'ouvrir le bal.

Mme Kearney accueillit la fin languissante de cette phrase avec un rapide regard de mépris, puis dit à sa fille sur un ton encourageant :

- Etes-vous prête, ma chérie ?

A la première occasion, elle appela M. Holohan à l'écart et lui demanda de lui dire ce que cela signifiait. M. Holohan n'en savait rien. Il dit que le Comité a commis une erreur en organisant quatre concerts ; quatre étaient trop.

- Quant aux artistes, dit Mme Kearney, bien sûr ils font de leur mieux, mais ils ne sont vraiment pas bons.

M. Holohan admit que les artistes étaient vraiment mauvais, mais le Comité avait décidé de laisser les trois premiers concerts se dérouler tant bien que mal et de réserver tous les talents pour le samedi soir. Mme Kearney ne dit rien, mais au fur et à mesure que les numéros médiocres se succédaient sur la scène et que les spectateurs se faisaient de plus en plus rares, elle commença à regretter d'avoir dépensé de l'argent pour un tel spectacle. Il y avait quelque chose qui lui déplaisait dans la tournure des choses et le sourire bête de M. Fitzpatrick l'agaçait beaucoup. Toutefois, elle ne dit rien et attendit de voir comment cela se terminerait. Le concert pris fin peu avant dix heures et tout le monde se dépêcha de rentrer chez lui.

Il y eut plus de monde au concert du jeudi soir ; mais Mme Kearney vit tout de suite que la salle était remplie de papier. Le public s'était comporté de manière indécente, comme si le concert avait été une répétition informelle en costumes. M. Fitzpatrick semblait s'amuser ; il ne savait pas que Mme Kearney était en train de juger sévèrement sa conduite. Il se tenait au bord du rideau, avançant la tête de temps en temps et rigolant avec deux amis qui se trouvaient au balcon. Au cours de la soirée, Mme Kearney apprit que le concert du vendredi allait être annulé et que le Comité allait remuer ciel et terre afin d'assurer une salle pleine pour le samedi soir. Quand elle l'apprit, elle saisit M. Holohan au passage alors qu'il se dépêchait, en boitant, d'apporter un verre de limonade à une jeune femme et lui demanda si la nouvelle était vraie. Oui, c'était bien vrai.

- Mais bien sûr, cela ne change rien au contrat, dit-elle, le contrat portait sur quatre concerts.

M. Holohan semblait pressé ; il lui conseilla de s'adresser à M. Fitzpatrick. Mme Kearney commença à s'alarmer. Elle appela M. Fitzpatrick de derrière son rideau et lui dit que sa fille avait signé pour quatre concerts et que, bien entendu, conformément au contrat, elle devait recevoir la somme initialement prévue, que la société ait donné les quatre concerts ou non. M. Fitzpatrick, qui n'a pas saisi la question très rapidement, semblait incapable de résoudre la difficulté et dit qu'il soumettrait l'affaire au Comité. La colère de Mme Kearney commençait à lui monter au visage et elle eut toutes les peines du monde de s'empêcher de demander :

- Et qui est donc le Comité ?

Mais elle savait que ce n'était pas digne d'une dame d'agir de cette manière, alors elle se tut.

Des petits garçons furent envoyés dans les rues principales de Dublin, tôt le vendredi matin, avec des bouts de prospectus. Des annonces spéciales dans les journaux du soir rappelaient au public mélomane la joie qui les attendait le soir suivant. Mme Kearney fut quelque peu rassurée, mais elle crut bien faire en faisant part de ses soupçons à son mari. Il l'écouta attentivement et dit qu'il serait préférable qu'il l'accompagne le samedi soir. Elle accepta. Elle respectait son mari de la même façon dont elle respectait le bureau de poste central ; comme quelque chose de grand, de sûr et d'immuable ; et bien qu'elle reconnût le petit nombre de ses talents, elle appréciait sa valeur abstraite en tant qu'homme. Elle était heureuse qu'il lui eut proposé de l'accompagner et elle réfléchit à propos de son plan.

La nuit du grand concert arriva. Mme Kearney avec son mari et sa fille arrivèrent à la salle des Concerts d'Antiennes trois quart d'heure à l'avance. Par malheur, c'était une soirée pluvieuse. Mme Kearney confia les affaires et la musique de sa fille à son mari et parcourut le bâtiment à la recherche de M. Holohan ou de M. Fitzpatrick. Elle ne trouva ni l'un ni l'autre. Elle demanda aux commissaires si des membres du Comité se trouvaient dans la salle et, après une lutte acharnée, on finit par ramener une petite femme nommée Mlle Beirne à laquelle Mme Kearney expliqua qu'elle voulait voir un des secrétaires. Mlle Beirne les attendait d'une minute à l'autre et demanda s'il n'y avait rien qu'elle pût faire. Mme Kearney regarda attentivement le vieux visage qui s'était recroquevillé en une expression de confiance et d'enthousiasme et répondit :

- Non, merci !

La petite femme espérait qu'ils auraient une salle bien remplie. Elle alla regarder la pluie jusqu'à ce que la mélancolie de la rue mouillée eût effacé toute la confiance et l'enthousiasme de ses traits recroquevillés. Puis elle soupira légèrement et dit :

- Ah, eh bien ! Nous avons fait de notre mieux, Dieu le sait.

Mme Kearney dut retourner au foyer. Les artistes arrivaient. La basse et le second ténor étaient déjà arrivés. La basse, M. Duggan, était un jeune homme mince à la moustache noire et clairsemée. C'était le fils d'un concierge d'un grand bureau de la ville et, enfant il chantait des notes de basse qui se retentissaient dans la grande salle. Il était sorti de cet état d'humilité, jusqu'à devenir un artiste de premier ordre. Il été déjà apparu dans un grand opéra. Un soir, alors qu'un artiste d'opéra était tombé malade, il avait joué le rôle du roi dans Maritana au théâtre de la Reine. Il avait chanté sa chanson avec beaucoup d'émotions et de volume, et avait été chaleureusement applaudi par le public. Mais, malheureusement, il ternit cette bonne impression en s'essuyant une ou deux fois le nez de sa main gantée, par distraction. Il était modeste et parlait peu. Il disait « voui »si doucement que cela passait inaperçu et il ne buvait jamais rien de plus fort que du lait pour le bien de sa voix. M. Bell, le second ténor, était un petit homme blond qui concourait chaque année pour le prix *Feis Ceol*. Lors de la quatrième tentative, il reçut une médaille de bronze. Il était extrêmement nerveux et très jaloux des autres ténors et cachait sa jalousie et sa nervosité derrière une amitié débordante. Il tenait à ce que les gens sachent quelle épreuve était pour lui un concert. Par conséquent, lorsqu'il vit M. Duggan, il alla vers lui et lui demanda :

- En faites-vous partie, vous aussi ?
- Oui, dit M. Duggan.

M. Bell rit à son compagnon de souffrance, lui tendit la main et dit :

- Tope là !

Mme Kearney passa devant les deux jeunes hommes et alla se placer derrière le rideau pour voir la salle. Les sièges se remplissaient rapidement et un bruit agréable circulait dans l'auditorium. Elle revint, et parla à son mari en privé. Leur conversation portait évidemment sur Kathleen car ils la regardaient souvent, tandis qu'elle discutait avec une de ses amies nationalistes, Mlle Healy, le contralto. Une inconnue solitaire, au visage pâle, traversa la pièce. Les femmes suivaient d'un regard vif la robe bleue fanée qui s'étendait sur un corps maigre. Quelqu'un dit que c'était Mme Glynn, le soprano.

- Je me demande où ils l'ont dénichée, dit Kathleen à Mlle Healy,
je suis sûre de ne jamais avoir entendu parler d'elle.

Mlle Haely devait sourire. M. Holohan entra dans le vestiaire en boitant et les deux jeunes filles lui demandèrent qui était l'inconnue. M. Holohan répondit que c'était Mme Glynn de Londres. Mme Glynn se plaça dans un coin de la pièce, tenant fermement devant elle un rouleau de musique et changeant de temps en temps la direction de son regard effaré. L'ombre avait mis sa robe fanée à l'abris, en revanche tombait dans une petite coupe derrière sa clavicule. Le bruit dans la salle se fit plus distinct. Le premier ténor et le baryton arrivèrent ensemble. Tous les deux avaient l'air satisfaits, étaient gras, bien habillés et apportaient par leur présence un souffle d'opulence.

Mme Kearney leur amena sa fille et leur parla gentiment. Elle voulait être en bons termes avec mais tandis qu'elle s'efforçait d'être polie, ses yeux suivaient M. Holohan dans ses déambulations boiteuses et tortueuses. Dès qu'elle le put, elle s'excusa et sortit après lui.

- M. Holohan, je dois vous parler un instant, dit-elle.

Ils se rendirent dans un coin discret du couloir. Mme Kearney demanda quand sa fille allait être payée. M. Holohan répondit que M. Fitzpatrick s'en chargeait. Mme Kearney dit qu'elle n'avait rien à voir avec M. Fitzpatrick. Sa fille avait signé un contrat pour recevoir huit guinées et elle devait être payée. Ce à quoi M. Holohan répondit que ce n'étaient pas ses affaires.

- Pourquoi cela ne vous regarde-t-il pas ? demanda Mme Kearney. N'est-ce pas vous qui lui a apporté le contrat ? Quoi qu'il en soit, si ce n'est pas votre affaire, c'est la mienne et je compte m'en occuper.

- Vous feriez mieux de parler à M. Fitzpatrick, dit M. Holohan d'un air distant.

- Je ne sais rien de M. Fitzpatrick, répéta Mme Kearney. J'ai mon contrat et j'ai l'intention de le faire exécuter.

Lorsqu'elle revint aux vestiaires, ses joues étaient légèrement rouges. La salle était animée. Deux hommes en pardessus, adossés à la cheminée, bavardaient familièrement avec Mlle Healy et le baryton. Il s'agissait de reporters du Freeman et de M. O'Madden Burke. Le reporter du Freeman était venu pour dire qu'il ne pouvait pas attendre le concert car il devait faire le compte rendu de la conférence d'un prêtre américain, à la mairie. Il dit qu'on n'avait qu'à déposer le compte rendu au bureau du Freeman et qu'il veillerait à ce que celui-ci parût. C'était un homme aux cheveux gris, au langage trompeur et aux manières prudentes. Il tenait un cigare éteint dont l'arôme flottait autour de lui. Il n'avait pas l'intention de rester car les concerts et les artistes l'ennuyaient beaucoup mais il restait appuyé contre la cheminée. Mlle Healy se tenait devant lui, bavardait et riait. Il était assez âgé pour soupçonner la raison de son amabilité, mais encore assez jeune d'esprit pour en faire son profit. La chaleur, le parfum et la couleur du corps de la jeune fille appelaient ses sens. Il se plaisait à penser que la poitrine qu'il voyait se soulever et retomber lentement, se soulevait et retombait pour lui, que les rires, le parfum et les regards lui rendaient hommage. Quand il ne put rester plus longtemps, il la quitta avec regret.

- O'Madden Burke écrira la notice, expliqua-t-il à M. Holohan, et je la ferai passer.

- Merci beaucoup M. Hendrick, dit M. Holohan, je sais que vous le ferez. Ne voulez-vous pas prendre un petit quelque chose avant de partir ?

- Je veux bien, déclara M. Hendrick.

Les deux hommes parcoururent quelques couloirs tortueux, montèrent un escalier sombre et atteignirent une pièce retirée où un des commissaires ouvraient des bouteilles pour quelques messieurs. Un de ces messieurs était M. O'Madden Burke qui avait découvert la pièce par instinct. C'était un homme suave et âgé, qui au repos balançait son imposante personne tout en s'appuyant sur son grand parapluie de soie. Son nom pompeux des comtés de l'Ouest était comme le parapluie moral sur lequel il tenait en équilibre le problème délicat de ses finances. Il était très respecté.

Pendant que M. Holohan entretenait le représentant du Freeman, Mme Kearney parlait à son mari avec tant d'animation qu'on dut lui demander de baisser la voix. La conversation générale dans les vestiaires devenait tendue. M. Bell, le premier numéro, se tenait prêt avec son cahier de musique, mais l'accompagnatrice n'avait pas bougé. Evidemment quelque chose n'allait pas. M. Kearney regardait droit devant lui, caressant sa barbe, tandis que Mme Kearney parlait à l'oreille de Kathleen avec une animation modérée. De la salle provenaient des bruits d'encouragement, des applaudissements, des trépignements. Le premier ténor, le baryton et Mlle Healy attendaient tranquillement ensemble, mais M. Belle avait les nerfs très agités par la crainte que le public ne le crût en retard.

M. Holohan et M. O'Madden Burke entrèrent dans la salle. En un instant, M. Holohan comprit ce qui se passait. Il se dirigea vers Mme Kearney et lui parla avec vivacité. Pendant qu'ils parlaient, le bruit dans la salle augmenta. M. Holohan devenait très rouge et impatient. Il parlait avec volubilité ; mais Mme Kearney répétait sèchement par intermittence :

- Elle ne continuera pas. Elle doit obtenir ses huit guinées.

M. Holohan pointa désespérément du doigt la salle où le public applaudissait et trépignait. Il fit appel à M. Kearney et à Kathleen. Mais M. Kearney continua à caresser sa barbe, et Kathleen baissa les yeux, déplaçant la pointe de sa chaussure neuve ; ce n'était pas sa faute. Mme Kearney répétait :

- Elle ne continuera pas sans son argent.

Après un vif débat, M. Holohan sortit de la pièce à la hâte. La pièce était silencieuse. Quand le silence devint insupportable, Mlle Healy dit au baryton :

- Avez-vous vu Mme Pat Campbell cette semaine ?

Le baryton ne l'avait pas vue, mais on lui avait dit qu'elle allait très bien. La conversation n'alla pas plus loin. Le premier ténor baissa la tête et commença à compter les maillons de la chaîne dorée qui s'étalaient sur sa taille. Il souriait et chantonnait des notes aléatoires pour en observer l'effet sur son sinus frontal. De temps en temps, on jetait un coup sur Mme Kearney.

Le bruit dans la salle devint une clameur lorsque M. Fitzpatrick fit irruption dans la pièce, suivi de M. Holohan, haletant. Les applaudissements et les trépignements dans la salle étaient ponctués par des sifflets. M. Fitzpatrick tenait quelques billets de banque. Il en compta quatre dans la main de Mme Kearney et qu'elle obtiendrait la seconde moitié à l'entracte. Mme Kearney déclara :

- Il manque quatre shillings.

Mais Kathleen rassembla sa jupe et dit : « Maintenant, M. Bell » au premier numéro qui frissonnait comme un tremble. Le chanteur et l'accompagnatrice sortirent ensemble. Le bruit de la salle s'apaisa. Il y eut une pause de quelques secondes, puis le piano se fit entendre.

La première partie du concert fut un grand succès, à l'exception du numéro de Mme Glynn. Ma pauvre dame chantait Killarney d'une voix creuse et oppressée, avec toutes les manières d'intonation et de prononciation à l'ancienne qui selon elle, prêtait de l'élégance à son chant. Elle avait l'air d'avoir été ressuscitée d'une vieille garde-robe de scène et la galerie tournait en ridicule ses piaulements dans les notes aiguës. Cependant, le premier ténor et le contralto firent crouler la salle. Kathleen joua une sélection d'airs irlandais qui furent généreusement applaudi. La première partie s'acheva sur un monologue patriotique émouvant, donné par une jeune femme, organisatrice de représentations d'amateur. Elle fut dûment applaudie, et quand ce fut fini, les hommes sortirent à l'entracte, contents.

Pendant ce temps, le vestiaire était en effervescence. Dans un coin, se trouvaient M. Holohan, M. Fitzpatrick, Mlle Beirne, deux des commissaires, le baryton, la basse et M. O'Madden Burke. M. O'Madden Burke déclara qu'il s'agissait de la représentation la plus scandaleuse qu'il n'ait jamais vue. La carrière musicale de Mlle Kathleen Kearney pris fin à Dublin après cela, a-t-il dit. On demanda au baryton ce qu'il pensait de la conduite de Mme Kearney. Il ne voulait pas se prononcer. Il avait reçu son argent et il désirait être en paix avec ces hommes. Toutefois, il dit que Mme Kearney aurait pu prendre les artistes en considération. Les commissaires, les secrétaires débâtèrent violemment sur les mesures à prendre au moment de l'entracte.

- Je suis d'accord avec Mlle Beirne, dit M. O'Madden Burke, ne lui payez rien.

Dans un autre coin de la pièce, se tenaient Mme Kearney et son mari, M. Bell, Mlle Healy et la jeune femme du monologue patriotique. Mme Kearney disait que le Comité l'avait traitée de manière scandaleuse. Elle ne s'était épargnée ni peine ni dépense et c'est ainsi qu'elle fut remerciée.

Ils s'étaient dit qu'ils n'auraient eu affaire qu'à une jeune fille et que, par conséquent, ils pouvaient y aller. Mais Mme Kearney leur ferait bien voir qu'ils se trompaient. Ils n'auraient pas osé la traiter ainsi si elle avait été un homme ; mais elle serait là, elle veillerait sur les droits de sa fille ; elle ne se laisserait pas berner. Si on ne la payait pas jusqu'au dernier sou, elle ferait du bruit dans Dublin. Bien sûr, elle regrettait cet incident pour les artistes ; elle n'y pouvait rien. Elle fit appel au second ténor qui dit que selon lui, elle n'avait pas été bien traitée. Puis elle fit appel à Mlle Healy. Mlle Healy aurait voulu se joindre à l'autre groupe, mais elle hésitait parce qu'elle était une grande amie de Kathleen et les Kearney l'avaient souvent invitée chez eux.

Dès la fin de la première partie, M. Fitzpatrick et M. Holohan se dirigèrent vers Mme Kearney et lui dirent que les autres guinées lui seraient payées après la réunion du Comité, le mardi suivant, et qu'au cas où sa fille ne jouerait pas dans la seconde partie, le comité considérerait le contrat comme rompu et ne paierait rien.

- Je n'ai vu aucun Comité, dit Mme Kearney, ma fille a son contrat, vous lui compterez quatre guinées dans la main ou elle ne posera pas le pied sur cette scène.

- Vous m'étonnez Mme Kearney, dit M. Holohan, je n'aurais jamais pensé que vous nous traiteriez ainsi.

- Et comment m'avez-vous traitée ? demanda Mme Kearney.

Sur son visage se répandit une couleur menaçante ; on sentit qu'elle aurait pu en venir aux mains.

- Je réclame mes droits, dit-elle.

- Vous avez peut-être un certain sens de la décence, déclara M. Holohan.

- Vous trouvez ? Et lorsque je demande quand sera payée ma fille, je ne parviens pas à obtenir une réponse polie.

Elle secoua la tête et pris une vois arrogante :

- Vous devez parler au secrétaire. Ce n'est pas mon affaire. Je suis un homme épatant, tra la ra lala.

- Je vous croyais une dame, dit M. Holohan tout en s'éloignant d'elle brusquement.

Après cet incident, la conduite de Mme Kearney fut condamnée en tous points. Tout le monde approuvait ce qu'avait fait le Comité. Elle se tint à a porte, égarée de rage, discutant avec son mari, tout en gesticulant. Elle attendit jusqu'au moment où la seconde partie allait commencer, en espérant que les secrétaires l'aborderaient. Mais Mlle Healy avait gentiment accepté de jouer un ou deux accompagnements. Mme Kearney dut se tenir à l'écart pour permettre au baryton et à son accompagnatrice de monter sur scène. Elle se tint un instant immobile, comme une statue de pierre en colère, et quand les premières notes de la chanson lui parvinrent à l'oreille, elle saisit le manteau de sa fille et dit à son mari :

- Appelez un taxi !

Il sortit aussitôt. Mme Kearney enroula sa fille dans son manteau et le suivit. Comme elle franchissait la porte, elle s'arrêta, et fixa M. Holohan.

- Je n'en ai pas fini avec vous, dit-elle.
- Mais moi, j'en ai fini avec vous, dit M. Holohan.

Kathleen suivit sa mère timidement. M. Holohan se mit à arpenter la pièce, afin de se calmer car il se sentait très échauffé.

- Tu parles d'une dame, dit-il, oh ! Pour le coup c'en est une !

- Tu as fait ce qu'il fallait Holohan, dit M. O'Madden Burke, appuyé sur son parapluie en signe d'approbation.

LA GRACE

Deux messieurs qui se trouvaient aux toilettes à ce moment-là essayèrent de le relever, mais il semblait incapable de fournir un effort. Il était couché recroquevillé, au pied de l'escalier d'où il était tombé. Ils réussirent à le retourner. Son chapeau avait roulé quelques mètres plus loin, et ses vêtements étaient couverts de la saleté et de la suinte du plancher sur lequel il était couché, face contre terre. Ses yeux étaient fermés et il respirait bruyamment. Un filet de sang coulait du coin de sa bouche.

Les deux messieurs et un des garçons le transportèrent en haut de l'escalier et le déposèrent de nouveau sur le plancher du bar. En un instant, il fut encerclé par des spectateurs. Le gérant du bar demanda à tout le monde qui il était et qui l'accompagnait. Personne ne savait qui il était, mais un des garçons dit qu'il avait servi un petit verre de rhum au monsieur.

- Était-il seul ? demanda le gérant.
- Non, monsieur. Il y avait deux messieurs avec lui.
- Et où sont-ils ?

Personne ne le savait ; une voix dit :

- Donnez-lui de l'air. Il s'est évanoui.

Le cercle des spectateurs se détendit et se referma de nouveau élastiquement. Une sombre médaille de sang s'était formée près de la tête de l'homme sur le sol tessellé. Le gérant, alarmé par la pâleur du visage de l'homme, fit appeler un policier.

On défit son col et dénoua sa cravate. Il ouvrit les yeux un instant, soupira et les referma. Un des hommes qui l'avait porté à l'étage tenait dans la main un chapeau de soie déchiqueté. Le patron demandait à plusieurs reprises si personne ne savait qui était l'homme blessé, où se trouvaient ses amis. La porte du bar s'ouvrit et un immense agent de police entra. Une foule qui l'avait suivi dans l'allée s'est rassembla devant la porte, essayant de regarder à travers les vitres.

Le patron a immédiatement commencé à raconter ce qu'il savait. L'agent, un jeune homme aux traits immobiles et épais, écoutait. Il tournait lentement la tête à droite et à gauche regardant le patron et la personne à l'étage, comme s'il craignait d'être victime d'un piège. Puis il ôta un de ses gants, sortit un carnet de la poche, lécha le bout de son crayon et se prépara à rédiger un rapport. Il demanda, soupçonneux, avec un accent provincial :

- Qui est cet homme ? Quel est son nom et son adresse ?

Un jeune homme vêtu d'une combinaison de cycliste se fraya un chemin à travers le cercle des spectateurs. Il s'agenouilla rapidement à côté du blessé et demanda de l'eau. L'agent s'agenouilla également pour venir en aide. Le jeune homme lava le sang de la bouche du blessé, puis demanda du cognac. L'agent répéta l'ordre d'une voix autoritaire jusqu'à ce qu'un garçon accourût avec le verre. On introduisit le cognac dans le gosier de l'homme. Au bout de quelques instants, il ouvrit les yeux et regarda autour de lui. Il regarda les visages qui l'entouraient, puis, il comprit ce qui se passait et s'efforça de se relever.

- Vous allez mieux maintenant ? » demanda le jeune homme en tenue de cycliste.

- Pouh !... Ce n'est rien », dit l'homme blessé en essayant de se lever.

On l'aida à se relever. Le patron parla d'un hôpital et certains des spectateurs donnèrent leur avis. Le chapeau de soie bosselé fut remis sur la tête de l'homme. L'agent demanda :

- Où habites-vous ?

L'homme, sans répondre, se mit à remuer les extrémités de sa moustache. Il minimisa son accident. Ce n'était rien, dit-il : juste un petit accident. Il s'exprimait la langue pâteuse.

- Où habitez-vous ? répéta l'agent de police.

L'homme demanda qu'on lui cherchât À ce moment, du fond de la salle, arriva un grand homme svelte au teint clair, portant un long caoutchouc jaune. Voyant ce qui se passait, il s'écria :

- Salut, Tom, mon vieux ! Quel est le problème ?
- Pouh, ce n'est rien, dit l'homme.

Le nouveau venu interrogea la figure déplorable qui se trouvait devant lui, puis se tourna vers l'agent et lui dit :

- Tout va bien, monsieur l'officier. Je le ramène chez lui.

Le gendarme a touché son casque et a répondu :

- Très bien, M. Power !

- Venez, Tom, dit M. Power en prenant son ami par le bras. Rien de cassé ? Quoi ? Pouvez-vous marcher ?

Le jeune homme en tenue de cycliste le pris sous l'autre bras et la foule s'écarta.

- Comment vous êtes-vous retrouvé dans cet état ? demanda M. Power.
- Monsieur est tombé dans les escaliers, dit le jeune homme.
- 'E 'ous 'uis 'rès o'ligé, 'onsieur, dit l'homme blessé.
- Je vous en prie.
- 'i 'on 'enait un 'etit ?...
- Pas maintenant. Pas maintenant.

Les trois hommes quittèrent le bar et la foule s'écoula dans le sentier. Le patron mena l'agent à l'escalier pour inspecter les lieux de l'accident. Ils s'accordèrent pour dire que le monsieur avait dû faire un faux-pas. Les clients retournèrent au comptoir et un garçon se mit à essuyer les traces de sang sur le sol.

Quand ils sortirent dans Grafton Street, M. Power siffla pour appeler une voiture. L'homme blessé répéta aussi bien qu'il put :

"Je' 'ous 'uis 'ien o'iigé, monsieur. 'espère 'ous 'evoi' 'ien'ô. 'on 'om est Kernan.

Le choc et la douleur naissante l'avaient en partie dégrisé.

- Je vous en prie, dit le jeune homme.

Ils se serrèrent la main. M. Kernan fut hissé sur la voiture et, tandis que M. Power donnait des instructions au chauffeur, il exprima sa gratitude au jeune homme et son regret de n'avoir pas pu prendre un verre ensemble.

- Une autre fois, dit le jeune homme.

La voiture prit la direction de Westmoreland Street. Alors qu'elle passait devant le bureau Ballast, l'horloge indiquait neuf heures et demie. Un fort vent d'est, soufflant de l'embouchure de la rivière, les frappa au visage. M. Kernan grelottait, recroquevillé sur lui-même. Son ami demanda de lui raconter comment l'accident avait eu lieux.

- 'e 'e peux pas, a-t-il répondu, j'ai ma' à 'a 'angue.
- Montrez-moi.

L'autre se pencha sur la banquette de la voiture et regarda dans la bouche de M. Kernan, mais il ne put voir quoi que ce soit. Il prit une allumette et, cachant la flamme dans le creux de sa main, regarda de nouveau dans la bouche de M. Kernan, que celui-ci ouvrit docilement. Les mouvements oscillants de la voiture faisaient entrer et ressortir l'allumette de la bouche. Les dents inférieures et les gencives étaient couvertes de sang coagulé et un petit bout de langue semblait arraché. L'allumette s'éteignit.

- Ce n'est pas beau à voir, déclara M. Power.

- Bah ! 'e 'est 'ien, dit M. Kernan en fermant la bouche et en remontant le col de son manteau autour de son cou.

M. Kernan était un commis voyageur de la vieille école qui croyait encore à la dignité de la profession. On ne l'avait jamais vu dans la ville sans un chapeau de soie d'une certaine décence et des guêtres. Grâce à ces deux vêtements, disait-il, un homme peut passer partout. Il perpétue la tradition de son Napoléon, le grand Noir et Blanc, dont il faisait revivre le souvenir par des légendes et du mimétisme. Les méthodes modernes des affaires ne lui avait permis qu'un petit bureau dans Crowe Street: Londres, E.C. A l'intérieur de ce petit bureau s'alignait un petit bataillon de boîtes de plomb et sur la table, devant la fenêtre, se trouvaient quatre ou cinq bols de porcelaine, habituellement à moitié pleins d'un liquide noir. Il en prenait une gorgée, la dégustait, en saturait son palais, puis la rejetait dans la grille. Puis il s'arrêta pour juger.

M. Power, un homme beaucoup plus jeune, travaillait à la gendarmerie royale de Dublin. La courbe suivant laquelle il s'élevait dans la société coupait celle que traçait le déclin de son ami ; mais le déclin de M. Kernan était atténué par le fait que certains de ses amis qui l'avaient connu à son apogée continuaient de le considérer comme un personnage. M. Power était l'un d'eux. Ses dettes inexplicables excitaient la risée dans son entourage. C'était un jeune homme débonnaire.

La voiture s'arrêta devant une petite maison sur la route de Glasnevin et on aida M. Kernan à rentrer chez lui. Sa femme le coucha, tandis que M. Power, assis en bas dans la cuisine, demandait aux enfants où ils allaient à l'école et posait des questions sur leurs livres. Les enfants, deux filles et un garçon, sachant leur père impuissant contre eux et leur mère absente, voulurent l'entraîner dans un jeu violent. Il fut surpris de leurs manières et de leurs prononciations et son front se rembrunit. Au bout d'un moment, Mme Kernan entra dans la cuisine en criant :

- Quel spectacle ! Oh, il se débrouillera un jour, ça je vous le dis ! Il boit depuis vendredi.

M. Power prit soin de lui expliquer qu'il n'était pas responsable de ce qui s'était passé, qu'il était arrivé sur les lieux par hasard. Mme Kernan, se souvenant alors des bons offices rendus par M. Power pendant leurs querelles domestiques, ainsi que les nombreux prêts modestes mais opportuns, dit :

- Oh ! Vous n'avez pas besoin de me le dire, monsieur Power. Je sais que vous êtes un de ses amis bien différent de quelques-uns qu'il fréquente. Ils se montrent très bien tant qu'il a de l'argent dans la poche pour le tenir éloigné de sa femme et de ses enfants. De bons amis ! Avec qui était-il ce soir ? J'aimerais savoir.

M. Power remua la tête mais ne dit rien.

- Je suis tellement désolée, continua-t-elle, de n'avoir rien à vous offrir. Mais si vous attendez un instant, j'enverrai prendre quelque chose chez Fogarty juste au coin de la rue.

M. Power se leva.

- Nous attendions qu'il rentre à la maison avec l'argent, il ne semble jamais penser qu'il a un chez lui.

- Allons Madame Kernan, dit M. Power, nous allons lui faire peau neuve. J'en parlerai à Martin. C'est l'homme qu'il nous faut. Nous viendrons ici un de ces soirs et nous en reparlerons.

Elle l'accompagna à la porte. Le chauffeur montait et descendait le sentier et balançait les bras pour se réchauffer.

- C'est très aimable de votre part de l'avoir ramené à la maison, dit-elle.

- Je vous en prie, dit M. Power.

Il monta dans la voiture. Comme il s'éloignait, il porta la main à son chapeau gaiement.

- Nous ferons de lui un nouvel homme, dit-il. Bonne nuit madame Kernan.

Mme Kernan, perplexe, suivit la voiture des yeux jusqu'à ce qu'elle eût disparu ; alors elle détourna son regard, rentra dans la maison et vida les poches de son mari.

C'était une femme active, pratique, d'un certain âge. Peu de temps auparavant, elle avait célébré ses noces d'argent et renouvelé l'intimité entre elle et son mari, en dansant avec lui sur un accompagnement de M. Power.

A l'époque où il lui faisait la cour, M. Kernan lui avait semblé être un personnage peu galant ; elle courait encore à la porte de la chapelle chaque fois qu'il y avait un mariage, et à la vue des mariés elle revivait avec une joie intense sa sortie de l'église Stella Maris à Sandymount, au bras d'un homme jovial, bien en chair, élégamment vêtu d'un manteau et d'un pantalon couleur lavande, portant avec grâce un chapeau de soie en équilibre sur l'autre bras. Au bout de trois semaines, elle avait trouvé la vie d'épouse pénible et plus tard, quand elle commença à la trouver insupportable, elle devint mère. Le rôle de mère ne présentait aucune difficulté insurmontable et pendant vingt-cinq ans elle sut tenir son ménage avec sagacité. Les deux fils aînés faisaient leur chemin : l'un était placé chez un drapier à Glasgow et l'autre était un négociant en thé à Belfast. Ils étaient de bons fils qui écrivaient régulièrement et parfois envoyaient de l'argent à la maison. Les autres enfants allaient encore à l'école.

M. Kernan envoya une lettre à son bureau le lendemain et resta au lit. Elle lui prépara du thé et le réprimanda. Elle acceptait ses fréquents accès d'intempérance comme faisant partie du climat, le soignait docilement chaque fois qu'il tombait malade, tâchant toujours d'obtenir qu'il mangeât son petit déjeuner. Comme époux, il y avait pire. Depuis que les garçons étaient grands il n'avait plus été violent et elle savait qu'il ferait Thomson Street à pied aller-retour pour la commande la plus minime.

Deux soirs après, ses amis vinrent le voir. Elle les fit monter à sa chambre, dont l'air était imprégné d'une odeur personnelle, et leur donna des chaises près du feu. La langue de M. Kernan, que la douleur cuisante rendait quelque peu irritable pendant le jour, se fit plus courtoise. Assis dans son lit, soutenu par des coussins, le peu de couleur sur ses joues bouffies les faisait ressembler à des cendres chaudes. Il s'excusa du désordre de la pièce tout en regardant ses amis avec un soupçon d'orgueil : l'orgueil du vétéran.

Il n'avait pas conscience d'être victime d'un complot que ses amis, M. Cunningham, M. M'Coy et M. Power, avaient révélé à Mme Kernan dans le salon. L'idée venait de M. Power, mais son élaboration a été confiée à M. Cunningham. M. Kernan était d'origine protestante et, bien qu'il ait été converti à la foi catholique au moment de son mariage, il n'était pas revenu au sein de l'Église depuis vingt ans. Il aimait, en outre, donner des impulsions latérales au catholicisme.

M. Cunningham semblait être l'homme de cette affaire. C'était un collègue de M. Power, plus âgé que lui, sa propre vie domestique n'était pas très heureuse. Les gens avaient beaucoup de, sympathie pour lui, car on savait qu'il avait épousé une femme impossible, une ivrogne incurable. A six reprises, il lui avait remeublé sa maison et chaque fois elle avait engagé leurs meubles.

Tout le monde respectait Martin Cunningham. C'était un homme tout à fait raisonnable, influent et intelligent. Sa connaissance aiguë des hommes, sa ruse naturelle caractérisée par une longue association avec les tribunaux de police, avait été tempérée par de brèves immersions dans les eaux de la philosophie générale. Il était toujours bien informé et ses amis s'inclinaient devant ses opinions et s'accordaient à lui trouver une certaine ressemblance dans la physionomie avec Shakespeare.

Lorsque le complot lui a été révélé, Mme Kernan dit :

- Je vous laisse tout cela entre vos mains, M. Cunningham.

Après un quart de siècle de vie conjugale, il lui restait très peu d'illusions. Pour elle, la religion était une habitude et elle se doutait bien qu'un homme de l'âge de son mari ne changerait pas avant sa mort. Elle était tentée de considérer cet accident comme venu fort à propos et n'eût point voulu passer pour un esprit sanguinaire, elle aurait déclaré à ces messieurs que la langue de M. Kernan ne souffrirait pas d'avoir été raccourcie. Néanmoins, M. Cunningham était un homme compétent et la religion, c'était la religion. Si du complot il ne résultait rien de bien, il ne pouvait pas faire de mal. Ses croyances n'avaient rien d'extravagant. Elle croyait fermement au Sacré-Cœur comme à la dévotion la plus de l'Eglise catholique et approuvait les sacrements. Sa foi était limitée par sa cuisine, mais si elle y était mise, elle voulait bien croire au banshee et au Saint-Esprit.

Les messieurs se mirent à parler de l'accident. M. Cunningham dit qu'il avait déjà eu connaissance d'un cas similaire. Un homme de soixante-dix ans s'était coupé net un morceau de langue lors d'une crise d'épilepsie et la langue avait repoussé sans laisser de traces.

- Eh bien, je n'ai pas soixante-dix ans, dit M. Kernan.

- A Dieu ne plaise ! dit M. Cunningham.

- Cela ne vous fait pas mal en ce moment ? demanda M. M'Coy.

M. M'Coy avait autrefois joui d'une certaine réputation de ténor ; sa femme, un ancien soprano, continuait à enseigner le piano aux enfants à des conditions modestes. Sa vie n'était pas sans difficulté, suivant simplement la ligne la plus courte d'un point à un autre, et pendant de brèves périodes, il en avait été réduit à vivre d'expédients. Tour à tour, il avait été employé dans les chemins de fer du Midland, agent de publicité pour l'Irish Times et pour the Freeman's Journal, commis voyageur pour une maison de commerce en charbon, agent de la police privée, secrétaire au bureau du sous-shérif, il venait d'être nommée secrétaire du coroner de la ville. Son nouvel emploi faisait qu'il portait un intérêt professionnel au cas de M. Kernan.

- Douleur ? non pas vraiment, répondit M. Kernan. Mais j'ai la nausée, j'ai envie de vomir.

- Ça c'est la boisson, affirma M. Cunningham.

- Non, dit M. Kernan, je crois avoir pris froid dans la voiture. J'ai quelque chose qui ne cesse de remonter dans a gorge. Des glaires ou du...

- Mucus, dit M. M'Coy.

- Cela continue de remonter du fond du gosier. Saleté !

- Oui, oui, dit M. M'Coy, c'est bien le thorax.

Il regarda M. Cunningham et M. Power avec un air de défiance. M. Cunningham remua la tête vivement et M. Power dit :

- Ah, tout est bien qui finit bien !
- Je vous en suis éternellement reconnaissant, vieux, dit le blessé.

M. Power fit un signe de la main.

- Ces deux hommes qui m'accompagnaient...

- Avec qui étiez-vous ? demanda M. Cunningham.

- Un type quelconque. Je ne sais pas son nom. Le diable l'emporte, comment s'appelait-il ? Un petit homme roux...

- Et qui d'autre ?

- Harford.

- Hm ! dit Cunningham.

Lorsque M. Cunningham faisait cette remarque, les gens se taisaient. On savait que l'orateur tirait ses informations de sources secrètes. En l'occurrence, le monosyllabe avait une intention purement morale. Le dimanche, M. Harford quittait la ville de bonne heure l'après-midi afin d'arriver le plus tôt possible dans un cabaret des environs où les membres de détachement se qualifiaient de voyageurs de bonne foi. Mais ses compagnons de voyage n'avaient pas pourtant jamais consenti à oublier son origine. Il avait commencé sa vie de financier obscur en prêtant de petites sommes d'argent aux ouvriers à des taux usuraires. Plus tard, il devint l'associé d'un monsieur gros et petit, M. Goldberg, dans la banque d'emprunt de Liffay ; bien qu'il fût borné à adopter le code moral des juifs, ses compagnons catholiques, chaque fois qu'il avait été plus malin que ce soit personnellement ou de manière détournée par exactions, parlaient de lui sur un ton amer, comme un juif irlandais, un illettré et voyaient se manifester à travers la personne d'un fils idiot la réprobation divine de l'usure. A d'autres moments, on se rappelait ses points forts.

- Je me demande où il est allé, dit M. Kernan.

Il souhaitait que les détails de l'incident restent vagues. Il aurait voulu que ses amis pensent que M. Harford et lui s'étaient manqué. Ses amis, qui connaissaient parfaitement les habitudes de M. Harford quand il buvait, se taisaient. M. Power répéta :

- Tout est bien qui finit bien.

M. Kernan changea immédiatement de sujet.

- C'est un brave garçon que cet étudiant en médecine, dit-il, sans lui...

- Oh ! sans lui, c'était un cas passible de sept jours de prison, sans option d'amende, dit M. Power.

- Oui, oui, dit M. Kernan, fournissant des efforts de mémoire, je me souviens maintenant d'un agent de police. Un jeune homme décent, il m'a semblé. Mais en somme, qu'est-ce que qui est arrivé ?

- Il se trouve que tu étais complétement ivre, Tom, dit gravement M. Cunningham.

- C'est vrai, dit Mme Kernan avec la même gravité.

- Je suppose que vous avez expédié l'agent de police, Jack, dit M. M'Coy.

M. Power n'a pas apprécié l'utilisation de son prénom. Il n'était pas formaliste, mais il n'oubliait pas que M. M'Coy était récemment parti à la recherche de valises et de sacs de voyage pour permettre à Mme M'Coy de remplir des obligations imaginaires à la campagne. Plus que du fait d'avoir été victime, il lui en voulait de son jeu si bas. Il répondit donc à la question comme si M. Kernan l'avait posée.

A ce récit, M. Kernan fut indigné. Il était très conscient de son devoir de citoyen, désirait vivre en termes honorables avec sa ville dans des conditions mutuellement honorables et n'aimait pas l'affront que lui feraient ceux qu'il appelait les rustres campagnards.

- C'est pour cela que nous payons nos impôts, s'écria-t-il. Pour habiller et nourrir ces ignorants prétentieux... et ils ne sont rien d'autre.

M. Cunningham se mit à rire. Il était employé du gouvernement seulement pendant ses heures de travail.

- Comment pourraient-ils être autre chose, Tom ? dit-il.

Il prit un fort accent provincial et dit d'un ton autoritaire :

- 65, attrape ton chou !

Tout le monde se mit à rire. M. M'Coy qui voulait se glisser dans la conversation à tout prix, prétendit n'avoir jamais entendu raconter cette histoire. M. Cunningham dit :

- Ceci a lieu, du moins on le dit, au dépôt où l'on entraîne ces énormes paysans, vous savez bien, ces gobe-mouches, à l'exercice. Le sergent les fait mettre en ligne contre le mur et leur fait mettre en ligne contre le mur et leur fait tendre leurs écuelles.

Il imageait son récit de gestes comiques.

- Alors, au moment du repas, il a une énorme platée de choux devant lui et une énorme louche. Il ramasse une feuille de chou, la promène autour de la salle et les pauvres diables de la saisir au vol sur leurs écuelles : 65, attrape ton chou !

Tout le monde se mit à rire, Kernan conservait un reste d'indignation. Il parlait d'écrire une lettre aux journaux.

- Ces macaques, qu'ils s'amènent ici, dit-il, croient qu'ils peuvent diriger le peuple. Je n'ai pas besoin de vous dire, Martin, ce que sont ces gens-là.

M. Cunningham donna son avis avec réserve.

- C'est comme tout ici-bas, il y a des bons et des mécréants.

- Oh oui ! Il y a des bons, je l'avoue, dit M. Kernan content.

- Il vaut mieux ne rien avoir à faire avec eux, dit M. M'Coy, c'est mon avis !

Mme Kernan entra dans la chambre et posa un plateau sur la table et dit :

- Servez-vous messieurs.

M. Power se leva pour officier et lui offrit sa chaise. Elle refusa, disant qu'elle repassait en bas, et après avoir échangé un signe de tête avec M. Cunningham dans le dos de M. Power, elle se disposa à quitter la chambre. Son mari l'interpella et lui dit :

- Et tu n'as rien pour moi, ma poule ?
- Oh, pour toi le dos de la main.

Son mari cria après elle :

- Rien pour le pauvre petit mari ?

Il prit une expression et une voix si comiques que la distribution des bouteilles de stout eut lieu au milieu de la gaieté général.

Les hommes burent, posèrent leurs verres sur la table et soufflèrent un moment. Alors M. Cunningham se tourna vers M. Power et dit incidemment :

- Vous avez dit jeudi soir, n'est-ce-pas, Jack ?

- Jeudi, c'est ça, dit M. Power.

- Très bien, dit M. Cunningham promptement.

- On peut se retrouver chez M'Auley, dit M. M'Coy, c'est l'endroit le plus commode.

- Il ne faut pas être en retard, dit M. Power, car il y aura beaucoup de monde.

- On peut se retrouver à sept heures et demie, dit M. M'Coy.

- Bon, dit M. Cunningham.

- Sept heures et demie chez M'Auley, ainsi soit-il.

Il y eut un cours silence. M. Kernan attendait de voir s'il serait admis dans les confidences de ses amis. Puis il demanda :

- De quoi s'agit-il ?

- Oh ! rien, dit M. Cunningham, ce n'est qu'une petite affaire que nous arrangerons pour jeudi.

- Est-ce l'opéra ? demanda M. Kernan.

- Non, non, dit M. Cunningham sur un ton évasif. « C'est une petite affaire d'ordre spirituel. »

- Ah ! dit M. Kernan.

Il y eut un nouveau silence.
M. Power dit alors soudainement :

- Pour vous dire la vérité, Tom, nous allons faire une retraite.

- O, c'est cela, dit M. Cunningham. Jack, moi et M'Coy ici, nous allons tous nous blanchir.

Il prononça la métaphore avec une certaine énergie, et encouragé par le son de sa propre voix, il poursuivit :

- Vous voyez, nous pouvons tout aussi bien admettre que nous sommes une collection de scélérats tous autant que nous sommes. Je dis bien tous autant que nous sommes – ajouta-t-il généreusement d'un ton bourru, et se tournant vers M. Power il dit : Allons avouez le.

- Je l'avoue, déclara M. Power.

- Et je l'avoue, dit M. M'Coy.

- Nous allons tous nous blanchir dit M. Cunningham.

Puis, une pensée semblait le frapper. Il se tourna vers le blessé et dit :

- Sais-tu Tom, l'idée qui me vient ? Tu pourrais nous rejoindre et nous ferions une partie carrée.

- C'est ça, dit M. Power, nous quatre ensembles.

M. Kernan restait silencieux. La proposition n'avait pour lui qu'un sens très vague, mais, comprenant que certains organismes spirituels allaient s'occuper de lui, il estima qu'il devait à sa dignité de montrer une certaine résistance. Il ne prit pas part à la conversation pendant longtemps, mais écouta avec un air de calme hostilité, tandis que ses mais discutaient des jésuites. Finalement, il intervint :

- Je n'ai pas une si mauvaise opinion des jésuites. C'est un ordre cultivé et je crois que leurs intentions sont bonnes.

- C'est le plus bel ordre de l'église, Tom, dit M. Cunningham avec enthousiasme. Le général des jésuites se tient à côté du pape.

- Il n'y a pas d'erreur à ce sujet, dit M. M'Coy, si vous voulez voir quelque chose qui soit bien fait, adressez-vous à un jésuite. Ce sont des types qui ont de l'influence. A ce sujet, je vais vous conter une anecdote...

- Les jésuites forment un corps respectable, dit M. Power.

- Il y a un fait curieux chez les jésuites, dit M. Cunningham. Les autres ordres de l'Eglise ont tous dû être réformé à un moment ou à l'autre, mais jamais celui des jésuites. Il n'a jamais faibli.

- C'est vrai ? demanda M. M'Coy.

- C'est un fait, dit M. Cunningham, c'est de l'histoire.

- Regardez aussi leur église, dit M. Power, regardez leur congrégation.

- Les jésuites pourvoient aux besoins de la haute société, dit M. M'Coy.

- Bien sûr, dit M. Power.

- Oui, dit M. Kernan, c'est pourquoi j'ai un faible pour eux. Ce sont quelques-uns de ces prêtres séculiers, ignorants, présomptueux qui...

- Ce sont tous de bonnes personnes, dit M. Cunningham, chacun à leur façon. La prêtrise irlandaise est honorée dans le monde entier.

- Oh ça oui ! dit M. Power.

- Pas comme certains des autres ordres du continent, dit M. M'Coy, qui sont indignes de ce nom.

- Peut-être avez-vous raison M. Kernan, se radoucissant.

- Bien sûr que j'ai raison, déclara M. Cunningham, je ne suis pas au monde depuis tant d'années et n'ai pas vu bien des choses pour ne pas savoir juger d'un caractère.

Les messieurs se remirent à boire, les uns après les autres. M. Kernan paraissait avoir quelque chose en tête. Il était impressionné. Il avait une haute opinion de M. Cunningham en tant que juge de caractère et tant qu'interprète d'expression. Il demanda des détails.

- Oh, c'est simplement une retraite, vous savez, dit M. Cunningham, c'est le père Purdon qui la fait, pour les hommes d'affaires.

- Il ne sera pas trop sévère avec nous, Tom, dit M. Power d'un ton persuasif.

- Le père Purdon ? Le père Purdon ? dit le malade.

- Oh vous devez le connaître Tom ! dit M. Cunningham hardiment. Un type épatant. C'est un homme du monde tout comme nous.

- Ah oui ! Je le connais, je crois. Visage plutôt rouge et grand.

- C'est bien lui.

- Et dis-moi Martin... Est-il un bon prédicateur ?

- C'est-à-dire que... que ce ne sera pas un sermon à proprement parler. Ce sera une sorte d'entretien amical fait d'une manière sensée.

M. Kernan réfléchissait. M. M'Coy dit :

- Le père Burke, c'était le garçon !

- Oh ! Le père Tom Burke, dit M. Cunningham, voilà un orateur-né. L'as-tu déjà entendu Tom ?

- Si je l'ai entendu, dit le malade piqué, bien sûr !

- Et pourtant l'on dit qu'il ne valait pas grand-chose comme théologien, déclara M. Cunnigham.

- Vraiment ? dit M. M'Coy.

- Oh, bien sûr rien de mauvais. Mais on disait que parfois ce qu'il prêchait n'était pas tout à fait orthodoxe.

- Ah !... C'était un homme extraordinaire, dit M. M'Coy.

- Je l'ai entendu une fois, continua M. Kernan. J'oublie en ce moment le sujet de son discours. Crofton et moi étions le fond dans la fosse... tu sais, la...

- La nef, dit M. Cunningham.

- Oui, dans le fond, près de la porte. J'oublie en ce moment sur quoi... Ah oui, sur le pape ! Le dernier pape. Je me souviens parfaitement. Ma parole, quel magnifique style oratoire. Et sa voix ! Nom de Dieu, quelle voix ! Le Prisonnier du Vatican, il l'appelait. Je me souviens que Crofton me disait en sortant...

- Mais c'est un orangiste, Crofton, n'est-ce pas ? dit M. Power.

- Bien sûr que c'en est un, dit M. Kernan, et de plus un sacré homme honnête. Nous sommes entrés ensemble chez Butler dans Moore Street. Ma foi, j'étais vraiment ému, à vrai dire, et je me rappelle textuellement ses paroles : « Kernan, qu'il me dit, nous sacrifions à des autels différents, mais notre croyance est la même. » Cela me parut bien dit.

- Il y a pas mal de vrai là-dedans, dit M. Power. Les protestants venaient toujours en masse dans la chapelle lorsque le père Tom prêchait.

- Les différences ne sont pas grandes entre nous, dit M. M'Coy, nous croyons tous deux au...

Il hésita un instant :

- ... au Rédempteur. Seulement eux ne croient ni au pape ni à la Mère de Dieu.

- Mais bien sûr, dit M. Cunningham tranquillement, notre religion est la seule bonne et vraie croyance.

- Cela ne faut aucun doute, déclara chaleureusement M. Kernan.

Mme Kernan vint à la porte et annonça :

- Voici une visite pour vous.
- Qui est-ce ?
- M. Fogarty.
- Oh ! Entrez, entrez !

Un visage pâle, ovale, s'avança sous la lumière. La courbe de ses moustaches blondes se répétait sur ses sourcils blonds, arqués au-dessus d'une paire de yeux agréablement étonnés. M. Fogarty était un modeste épicier. Il tenait dans la ville un commerce de spiritueux, mais ses affaires n'avaient pas prospéré, sa situation financière l'ayant contraint à ne se lier qu'à des brasseurs et à des distillateurs de second rang. Il avait ouvert un petit magasin sur Glasnevin Road où il se flattait que ses manières le feraient entrer dans les bonnes grâces des ménagères du quartier. Il se comportait avec une certaine aisance, complimentait les petits enfants et s'exprimait avec une grande netteté. Il ne manquait pas de culture.

M. Fogarty apportait un cadeau : un demi-litre d'un whisky spécial. Il s'enquit poliment de la santé de M. Kernan, posa son cadeau sur la table et s'assit avec la compagnie sur un pied d'égalité. M. Kernan apprécia d'autant plus le cadeau qu'il réfléchissait à une petite facture en souffrance qu'il devait à M. Forgarty. Il dit :

- Ah ! Ceci de vous, je ne pouvais que m'y attendre ! Ouvrez-nous
  ça Jack, veux-tu ?

M. Power officia de nouveau. Les verres rincés, cinq petites mesures de whisky y furent versées. Cette nouvelle influence ranima la conversation. M. Fogarty, assis sur le bord de sa chaise, se montrait particulièrement intéressé.

- Le pape Léon XIII, dit M. Cunningham, était l'une des lumières
  de son temps. Sa grande idée, vous savez, fut l'union de l'Eglise
  romaine et orthodoxe. Ce fut le but de sa vie.

- J'ai souvent entendu dire qu'il était un des hommes les plus intellectuel d'Européen déclara M. Power. Je veux dire sans tenir compte qu'il était pape.

- En effet, dit M. Cunningham, si ce n'est le plus intellectuel. Sa devise en tant que pape était : *Lux sur lux,* lumière sur lumière.

- Non, non, dit Fogarty avec empressement, je crois que vous vous trompez. C'était *Lux in tenebris*, je crois, Lumière dans les ténèbres.

- Ah oui, dit M. M'Coy, tenebrae.

- Permettez-moi, affirma M. Cunningham, c'était *Lux sur lux.* Et la devise de son prédécesseur était *Crux sur crux*, c'est-à-dire Croix sur croix. Pour montrer la différence entre leurs deux pontificats.

L'affirmation fut admise. M. Cunningham poursuivit :

- Le pape Léon XIII, vous savez, fut un grand clerc et poète.
- Oui. Il avait un visage énergique.
- Oui, dit M. Cunningham. Il écrivait de la poésie en latin.
- Est-ce vrai ? demanda M. Fogarty.

M. M'Coy dégustait son whisky avec satisfaction et remua la tête avec une double intention, disant :

- Ce n'est pas une plaisanterie, je peux vous l'affirmer.

- On ne nous apprenait pas ça, hein, Tom ? dit M. Power, suivant l'exemple de M. M'Coy, quand nous allions à l'école primaire.

- Il y eut d'un homme honnête qui allait à l'école avec un carré de tourbe sous le bras, dit M. Kernan sur un ton sentencieux. Le vieux système était le meilleur une éducation simple et honnête. Rien de vos artifices modernes...

- C'est tout à fait vrai, dit M. Power.

- Rien de superflu, dit M. Fogarty.

Il prononça le mot clairement, puis se mit à boire gravement.

- Je me souviens, d'avoir lu, dit M. Cunningham, qu'un des poèmes du pape Léon XIII portait sur l'invention de la photographie, en latin, bien sûr.

- De la photographie ! s'exclama M. Kernan.

- Oui, dit M. Cunningham.

Lui aussi se mit à boire.

- Ne trouvez-vous pas que la photographie est une chose magnifique quand on y pense ? dit M. M'Coy.

- Oh oui ! dit M. Power, les grands esprits savent voir les choses.

- Comme dit le poète, les grands esprits sont proches de la folie, dit M. Fogarty.

M. Kernan paraissait préoccupé. Il fournissait un effort pour se rappeler de la doctrine de la théologie protestante sur quelques points épineux, et finit par s'adresser à M. Cunningham.

- Dis-moi Martin, dit-il. Certains papes, pas notre pape actuel, ou son prédécesseur, mais certains de ceux de jadis n'étaient pas... tout à fait... à la hauteur ?

Il y eut un silence, M. Cunningham déclara :

- Oh bien sûr, il y en avait qui ne valait pas grand-chose... Mais ce qui est étonnant, c'est que pas un d'entre eux, même le plus grand ivrogne, même la plus grande brute, ne professa jamais la moindre fausse doctrine *ex cathedra*. Etonnant, n'est-ce pas ?

- Effectivement, dit M. Kernan.

- Oui, parce que quand le pape parle *ex cathedra*, il est infaillible, expliqua M. Fogarty.

- Oui, dit M. Cunningham.

- Oh ! Je suis au courant de l'infaillibilité du pape. Je me souviens, j'étais plus jeune à l'époque... ou était-ce que... ?

M. Fogarty intervint. Il prit la bouteille et versa encore un peu de whisky dans les verres des autres. M. M'Coy, voyant qu'il n'en restait pas assez pour faire le tour, prétexta qu'il n'avait pas fini son premier verre ? Les autres acceptèrent en protestant. La musique légère du whisky qui coulait dans les verres créait une agréable diversion.

- Que disiez-vous Tom, demanda M. M'Coy.

- L'infaillibilité papale, dit M. Cunningham, fut la plus grande scène dans toute l'Histoire de l'Eglise.

- Comment cela, demanda M. Power.

M. Cunningham leva deux doigts épais :

- Dans le Sacré Collège de cardinaux, archevêques et évêques, il y eut deux hommes qui prirent position contre l'infaillibilité, que tous les autres soutenaient. Tout le conclave, sauf ces deux-là était unanime. Mais non ! Ils ne voulaient pas en entendre parler !

- Ha ! dit M. M'Coy.

- Et il y avait un cardinal allemand du nom de Dobling... ou Dowling...

- Dowling n'était pas allemand, déclara M. Power en riant.

- Eh bien, ce grand cardinal allemand, quel que soit nom, était l'un et l'autre était John MacHale.

- Quoi ! s'écria M. Kernan, c'était Jean de Tuam ?

- Etes-vous certain de ce que vous avancez ? demanda M. Fogarty, je croyais que c'était un Italien ou un Américain.

- Jean de Tuam, c'était bien lui, répéta M. Cunningham.

Il but et les autres le suivirent, puis il reprit :

- Ils étaient là, tous les cardinaux, les évêques et les archevêques de tous les coins de la terre et ces deux chiens de combat et le diable jusqu'à ce que finalement le Pape lui-même se leva et déclara que l'infaillibilité constituait le dogme de l'Eglise *ex cathedra*. A ce moment précis, Jean MacHale, qui était en train de discuter, se leva et cria d'une voix tonitruante :

- *Credo* !

- Je crois ! dit M. Fogarty.

- *Credo* ! dit M. Cunningham, et, montrant ainsi sa foi, il se soumettait dès que le pape parlait.

- Et Dowling ? demanda M. M'Coy.

- Le cardinal allemand refusa de se soumettre. Il quitta l'Eglise.

Les paroles de M. Cunningham avait construit la grande image de l'Eglise dans l'esprit de ses auditeurs. Sa voix rauque et profonde les avait fait frissonner comme elle émettait les mots de croyance et de soumission. Aussi lorsque Mme Kernan entra dans la salle en s'essuyant les mains, elle se trouva en compagnie solennelle. Elle ne troubla pas le silence et alla s'appuyer contre les barreaux au pied du lit.

- J'ai vu Jean McHale une fois, dit M. Kernan, et jamais je ne l'oublierai de ma vie.

Il se tourna vers sa femme pour chercher une confirmation auprès d'elle :

- Je vous en ai souvent parlé, n'est-ce pas ?

Mme Kernan acquiesça de la tête.

- C'était à l'inauguration de Sir John Grey. Edmund Dwyer Grey parlait, palabrait, et voilà ce vieux bonhomme qui me regardait de dessous ses sourcils touffus.

M. Kernan fronça les sourcils, baissa la tête comme un taureau en colère et dévisagea sa femme, le regard enflammé.

- Dieu ! s'écria-t-il, reprenant son expression normale, je n'ai jamais vu un tel œil dans la tête d'un homme. Autant dire : « Moi, je vous tiens, mon vieux ! » Il avait un œil de faucon.

- Tous les Gray ont été des bons à rien, dit M. Power.

Il y eut un nouveau silence. M. Power se tourna vers Mme Kernan et dit avec une jovialité abrupte :

- Eh bien, madame Kernan, nous allons faire de votre mari un honnête, pieux, saint et fidèle catholique romain !

Il eut un geste circulaire pour comprendre la compagnie.

- Nous allons tous, tant que nous sommes, faire une retraite et confesser nos péchés. Et Dieu sait que nous en avons besoin !

- Cela ne me dérange pas, dit M. Kernan, souriant un peu nerveusement.

Mme Kernan pensa qu'il serait plus sage de cacher sa satisfaction. Elle dit donc :

- Je plains le pauvre prêtre qui devra écouter votre histoire.

L'expression de M. Kernan changea :

- Si ça ne lui plaît pas, dit-il sèchement, il peut aller se faire... Je lui raconterai mes petites histoires, je ne suis pas un mauvais garçon...

M. Cunningham intervint rapidement.

- Nous renoncerons au diable, tous ensemble, dit-il, sans oublier ses œuvres et ses pompes.

- *Vade retro me, Satanas*, dit M. Fogarty en riant et en regardant les autres.

M. Power ne dit rien. Il se sentait complètement dépassé, mais une impression de satisfaction scintillait sur son visage.

- Tout ce que nous avons à faire, dit M. Cunningham, c'est de nous lever, cierges allumés en main et à renouveler nos vœux de baptême.

- Oh ! Surtout n'oubliez pas les cierges Tom, dit M. M'Coy.

- Quoi ? Il me faut un cierge ? dit M. Kernan.

- Mais oui, dit M. Cunningham.

- Non, allez à tous les diables, dit M. Kernan non sans bon sens ; là je m'arrête. Je m'acquitterai assez bien du reste : retraite... confession, etc. Mais des cierges, non, sacré nom de Dieu, pas de cierge.

Il secoua la tête avec une gravité comique.

- Ecoutez-moi ça, dit sa femme.

- Je supprime les cierges, dit M. Kernan, conscient d'avoir fait son effet sur son auditoire et continuant à remuer la tête, je supprime ce genre de lanternes magiques.

Tout le monde rit de bon cœur.

- Voilà un bon catholique, dit la femme.
- Pas de cierge j'ai dit, répéta M. Kernan.

Le transept de l'église des jésuites dans Gardiner Street était presque plein ; et cependant des messieurs entraient à tous moments par la porte latérale ; guidés par un frère laïc, ils marchaient sur la pointe des pieds le long des bas-côtés jusqu'à ce qu'ils eussent trouvé des places. Les hommes étaient tous bien mis et soignés. Les lampes de l'église versaient leur lumière sur une masse de drap noir et de cols blancs, contre laquelle se détachaient çà et là des costumes de tweed ; la versaient également sur des colonnes de marbre vert tacheté de noir et sur des toiles lugubres. Les messieurs, ayant remonté leur pantalon et mis leur chapeau à l'abri, demeuraient assis, se tenant bien droits et contemplant au loin avec un air de cérémonie le point rouge lumineux suspendu devant le grand autel.

Sur un des bancs, près de la chaire, se trouvaient M. Cunningham et M. Kernan. Sur un banc derrière eux, M. M'Coy, tout seul et, derrière lui encore, M. Power et M. Fogarty. M. M'Coy avait en vain essayé de se faire une place parmi les autres, et lorsque la bande se fut installée en forme de quinconce, il avait essayé non moins vainement de placer une plaisanterie. Celle-ci n'ayant point reçu bon accueil, il s'abstint. Même lui était sensible à la pompe de l'atmosphère et commençait à répondre à cet appel religieux. A voix basse, M. Cunningham attira l'attention de M. Kernan sur M. Harford, le prêteur sur gages, assis à quelques pas de là, et sur M. Fanning, conseiller municipal, assis juste en dessous de la chaire, à côté d'un des conseillers nouvellement élus. A droite, il y avait le vieux Michel Grimes, le propriétaire de trois boutiques de prêts sur gages et le neveu de Dao Hogan qui était candidat au poste de Town Clerk. Plus loin, aux premiers rangs, étaient assis M. Hendrick, le reporter en chef du Freeman's Journal, et le pauvre vieux O'Carroll, un vieil ami de M. Kernan, qui à moment donné avait été une figure considérable dans le commerce. A mesure qu'il reconnaissait des visages familiers, M. Kernan se sentait plus à l'aise. Son chapeau remis à neuf par sa femme reposait sur ses genoux. Une ou deux fois, il tira ses manchettes d'une main, tandis que de l'autre il soulevait le bord de son chapeau.

Une figure puissante, le buste drapé d'un surplis blanc, s'apercevait fournissant des efforts pour monter en chaire. Aussitôt il se fit un mouvement dans l'assemblée qui exhiba des mouchoirs et s'agenouilla dessus avec précaution. M. Kernan suivit l'exemple donné. En chaire, la silhouette du prêtre dressait les deux tiers de sa charpente, couronnée par une face rouge massive, apparaissant au-dessus de la balustrade.

Le père Purdon s'agenouilla et se couvrit la figure de ses mains pour prier. Après un moment, il se leva, le visage découvert. L'assemblée se releva également et se réinstalla sur les bancs. M. Kernan remit son chapeau à sa position initiale sur son genou et tourna vers le prédicateur une figure attentive. Le prédicateur, d'un large geste étudié, retroussa les manches amples de son surplis et promena lentement son regard sur les rangées de visages. Puis il dit :

« *Car les enfants de ce monde sont plus sages en leur génération que les enfants de lumière. Faites-vous donc des amis avec les richesses de l'iniquité, afin qu'à votre mort ils vous reçoivent dans les demeures éternelles.* »

Le père Purdon développa le texte avec une assurance sonore. De toute l'Ecriture, disait-il, ce texte était un des plus difficiles à interpréter correctement. Pour l'observateur superficiel, ce texte pouvait sembler en désaccord avec la moralité élevée que prêchait ailleurs Jesus-Christ. Mais il déclara que le texte qui lui avait paru spécialement indiqué pour la gouverne de ceux à qui incombait le devoir de mener une existence mondaine et qui, cependant, ne voulaient pas mener cette existence à la façon des mondains. C'était un texte destiné aux hommes d'affaires et à ceux engagés dans la carrière libérale. Jésus-Christ, avec sa divine compréhension de tous les recoins de la nature humaine, savait que tous les hommes n'étaient point appelés à la vie religieuse, que la plus grande majorité était forcée de vivre dans le monde et jusqu'à un certain pour le monde : et par ce verset il se proposait de leur prodiguer un conseil en leur montrant comme modèle de la vie religieuse ces mêmes adorateurs de Mammon qui, de tous les hommes, étaient les moins préoccupés de questions religieuses. Il dit à ses auditeurs qu'il n'était point venu ce soir dans un but extravagant ni terrifiant, mais comme un homme du monde qui parlerait à ses pairs. Il venait s'adresser à des hommes d'affaires et il leur parlerait avec le langage qui avait cours dans les affaires, et s'il osait leur passer cette métaphore, dit-il, comme leur comptable spirituel : il demandait à chacun de ses auditeurs d'ouvrir leurs livres, les livres de leur vie spirituelle et de voir s'ils correspondaient fidèlement avec leur conscience.

Jésus-Christ n'était pas exigeant. Il comprenait nos petits défauts, les faiblesses de notre pauvre nature déchue, compris les tentations de ce monde. Nous avons tous pu avoir, nous avons eu de temps en temps des tentations : nous pourrions tous avoir, nous avons tous nos défaillances. Il ne demandait, disait-il, qu'une seule chose à ses auditeurs et c'était d'être franc et loyal devant Dieu. Si tous les comptes se balançaient exactement, de dire :

- Eh bien, j'ai vérifié mes comptes, ils sont en règle.

Mais si, au contraire, comme cela se pouvait, il trouvait que les comptes ne s'équilibraient pas, d'avouer la vérité, d'être franc et de dire bravement :

- J'ai vérifié mes comptes, je trouve des erreurs ici et là. Mais par la grâce de Dieu, je rectifierai ceci et cela, je régulariserai mes comptes.

LES MORTS

Lily, la fille du concierge, n'en pouvait plus à force de courir. A peine avait-elle amené un invité ans l'office exigu derrière le bureau du rez-de-chaussée, aidé à retirer son manteau que la sonnette poussive de la porte d'entrée résonnait de nouveau et qu'elle dut se faufiler dans le couloir pour faire entrer un autre invité. Encore heureux qu'elle n'eut pas aussi à s'occuper des dames. Mais Mlle Kate et Mlle Julia, ayant pensé à cela, avaient converti en haut la salle de bains en un vestiaire pour dames. Mlle Kate et Mlle Julia s'y tenaient, qui bavardaient et riaient, multipliant les minauderies, se poursuivant jusqu'au sommet de l'escalier. Elles se penchaient par-dessus la rampe et criaient à Lily de leur dire qui était arrivé.

C'était toujours un grand événement que le bal annuel des demoiselles Morkan. Toutes les personnes qu'elles connaissaient y assistaient : la famille, les vieux amis, les choristes de Julia, les élèves de Kate en âge d'être invitées, et quelques élèves de Mary Jane. Jamais ce bal n'avait été un échec. Aussi loin que l'on s'en souvienne, il avait toujours été un succès éclatant, depuis l'époque où Kate et Julia, après la mort de leur frère Pat, avaient quitté leur maison de Stoney Batter et recueilli Mary Jane, leur nièce unique, pour qu'elle vive avec elles dans la sombre et haute maison de Usher Island, dont la partie supérieure leur était louée par M. Fulham, courtier en grains, qui vivait au rez-de-chaussée. Cela remontait maintenant à une bonne trentaine d'années. Mary Jane, alors une petite fille en jupes courtes, était aujourd'hui le principal soutien de la famille ; elle jouait de l'orgue à Haddington Road. Elle avait fréquenté le Conservatoire et donnait chaque année une audition de ses élèves au premier étage de la salle des Concerts d'Antiennes. Nombre de ses élèves appartenaient à des familles de la meilleure société vivant en banlieue. Malgré leur âge avancé, ses tantes avaient aussi leur part de travail. Julia, malgré ses cheveux gris, était encore premier soprano à l'église d'Adam et Ève ; et Kate, trop faible pour se déplacer beaucoup, donnait des leçons de musique à des débutants sur le vieux piano carré de la chambre du fond. Lily, la fille du concierge, faisait leur ménage. Bien que leur existence fût modeste, elles attachaient une grande importance à bien manger et à avoir en toutes choses ce qu'il y a de mieux : aloyau, thé à trois shillings le paquet, bière en bouteille de première qualité. Lily se trompait rarement dans l'exécution des ordres, si bien qu'elle s'entendait bien avec ses trois maîtresses. Celles-ci étaient maniaques, voilà tout. La seule chose qu'elles ne toléraient pas, c'était qu'on leur répondît.

Bien sûr, il y avait de quoi se faire du souci un soir pareil. Il était dix heures passées et pourtant, ni Gabriel ni sa femme n'étaient encore arrivés. De plus, elles redoutaient terriblement que Freddy Malins ne se présentât complètement ivre ; pour rien au monde, elles n'auraient voulu qu'aucune élève de Mary Jane le vît en état d'ébriété, car dans cet état, il était difficile à gérer. Freddy Malins arrivait toujours tard, mais elles se demandaient ce qui pouvait bien retenir Gabriel ; c'est pourquoi elles revenaient sans cesse à la rampe de l'escalier pour demander à Lily si Gabriel ou Freddy étaient arrivés.

- Oh, Monsieur Conroy, dit Lily à Gabriel lorsqu'elle lui ouvrit la porte, Mlle Kate et Mlle Julia croyaient que vous n'arriveriez jamais. Bonsoir, Madame Conroy.

- Je comprends qu'elles l'aient cru, dit Gabriel, mais elles oublient qu'il faut à ma femme ici présente trois heures interminables pour s'habiller.

Il se tenait sur le paillasson, raclant la neige de ses caoutchoucs, tandis que Lily conduisait sa femme au pied de l'escalier et appelait :

- Mlle Kate, voici Mme Conroy.

Kate et Julia descendirent aussitôt en trottinant dans l'escalier obscur ; toutes deux embrassèrent la femme de Gabriel, déclarant qu'elle avait dû attraper la mort, et demandèrent si Gabriel était avec elle.

- Me voilà aussi ponctuel que le courrier, Tante Kate ! Allez-y, je vous rejoins, lança Gabriel depuis l'obscurité.

Il continua de se décrotter vigoureusement les pieds, tandis que les trois femmes montaient en riant jusqu'au vestiaire des dames. Une fine couche de neige reposait comme une pèlerine sur les épaules de son pardessus et couvrait ses caoutchoucs comme des empeignes ; les boutons de son manteau glissaient en crissant à travers la neige durcie, libérant des bouffées d'air glacé provenant de ses fentes et plis.

- Il neige encore, Monsieur Conroy ? demanda Lily. Elle l'avait précédé dans l'office pour l'aider à retirer son pardessus. Gabriel sourit aux trois syllabes qu'elle avait données à son nom et la regarda. C'était une jeune fille svelte, en pleine croissance, au teint pâle et aux cheveux couleur de foin. La lumière au gaz de l'office la rendait encore plus pâle. Gabriel l'avait connue toute petite, assise sur la première marche de l'escalier, berçant une poupée en chiffons.

- Oui, Lily, répondit-il, et je crois que nous en avons pour la nuit.

Il regarda le plafond de l'office, qui tremblait sous les piétinements à l'étage supérieur. Il écouta un moment le son du piano, puis jeta un coup d'œil à la jeune fille qui pliait soigneusement son pardessus à l'extrémité d'une étagère.

- Dis-moi, Lily, dit-il d'une voix amicale, vas-tu toujours à l'école ?

- Oh non, monsieur ! J'ai fini l'école il y a plus d'un an déjà.

- Oh ! alors, fit Gabriel gaiement, je suppose qu'un de ces jours nous irons te marier à ton promis, hein ?

La jeune fille jeta un regard par-dessus son épaule et dit avec une grande amertume :

- Les hommes d'aujourd'hui semblent souvent être experts des paroles en vain et ils profitent de tout ce qu'ils peuvent tirer de vous.

Gabriel rougit brusquement, comme s'il venait de commettre une erreur. Sans même regarder dans sa direction, il donna un coup de pied pour repousser ses caoutchoucs, puis se mit à épousseter énergiquement ses souliers vernis avec son cache-nez. Il était jeune, corpulent, et plutôt grand. La teinte vive de ses joues s'étendait jusqu'à son front, où elle se fondait en quelques taches floues d'un rouge pâle ; sur son visage imberbe brillaient constamment les verres polis et la monture dorée de ses lunettes, mettant en valeur ses yeux délicats et inquiets. Ses cheveux noirs et brillants, séparés au milieu, retombaient en deux grandes ondulations derrière son oreille, où ils formaient de légères boucles au-dessus de la rainure laissée par son chapeau. Une fois ses souliers vernis impeccablement propres, il se redressa et ajusta soigneusement son gilet sur son ventre rebondi, avant de sortir rapidement une pièce de monnaie de sa poche.

- Tiens, Lily, dit-il en lui glissant la pièce dans la main, c'est bien Noël, n'est-ce pas ? Prends... un petit...

Il marcha rapidement vers la porte.

- Oh ! non, monsieur, s'écria la jeune fille en se reculant précipitamment, vraiment, je ne pourrais pas, monsieur.

- C'est Noël ! C'est Noël ! dit Gabriel en se dirigeant presque en courant vers l'escalier, agitant la main comme pour s'excuser.

Lily voyant qu'il avait rejoint l'escalier lui cria :

- Alors merci, monsieur !

Derrière la porte du salon, Gabriel attendait la fin de la valse, écoutant le frôlement des jupes contre la porte et le glissement des pas sur le parquet. Il était encore troublé par la remarque si amère et inattendue de la jeune fille. Une ombre planait sur lui à présent, qu'il tentait de chasser en ajustant ses manchettes et son nœud de cravate. Il sortit ensuite de la poche de son gilet une petite feuille de papier et jeta un coup d'œil aux références qu'il avait préparées pour son discours. Il hésitait sur les vers de Robert Browning, craignant qu'ils ne soient trop élevés pour son auditoire. Quelques citations plus familières, tirées de Shakespeare ou des mélodies de Thomas Moore, seraient probablement mieux adaptées. Le claquement vulgaire des talons sur le plancher et le glissement des semelles lui rappelaient la différence de niveau d'éducation entre lui et les invités. Il risquait de paraître prétentieux en citant des vers qu'ils ne comprendraient pas. Ils pourraient penser qu'il voulait étaler sa culture. Il échouerait avec eux, comme il avait échoué plus tôt en bas, à l'office, avec cette fille. Il n'avait pas su trouver le ton juste. Tout son discours sonnait faux. C'était un échec complet.

À ce moment, ses tantes et sa femme sortirent du vestiaire des dames. Ses tantes étaient deux petites vieilles vêtues avec simplicité. Tante Julia dépassait sa sœur d'un ou deux centimètres. Ses cheveux, coiffés en bandeaux descendant très bas sur ses oreilles, étaient gris ; et gris aussi, encore assombri par des ombres, était son visage large et flasque. Bien qu'elle fût forte de carrure et se tînt droite, son regard lent et sa bouche entrouverte lui donnaient l'air d'une femme qui ne sait ni où elle est ni où elle va. Tante Kate montrait plus de vivacité. Son visage, plus sain d'aspect que celui de sa sœur, était couvert de rides et de fossettes, ressemblant à une pomme rouge ratatinée, et ses cheveux coiffés de la même façon démodée n'avaient pas perdu leur couleur de noisette mûre.

Toutes deux embrassèrent cordialement Gabriel. Il était leur neveu préféré, le fils de leur défunte sœur aînée Ellen, mariée à T. J. Conroy, du Port et des Docks.

- Gretta m'a dit que vous ne comptez pas rentrer en voiture à Monkstown cette nuit, dit tante Kate.

- Non, répondit Gabriel en se tournant vers sa femme, notre expérience de l'année dernière nous a suffi, n'est-ce pas ? Ne vous souvenez-vous pas, tante Kate, du rhume que Gretta a attrapé ? Les portières du coupé grinçaient tout le long du chemin et, une fois passé Merrion, le vent d'est soufflait à l'intérieur de la voiture. C'était gai ! Gretta a attrapé un rhume affreux.

Tante Kate fronçait les sourcils d'un air sévère et secouait la tête à chaque mot.

- Vous avez tout à fait raison, Gabriel, tout à fait raison, dit-elle. On ne fait jamais trop attention.

- Mais quant à Gretta ici présente, dit Gabriel, elle rentrerait à pied dans la neige si on la laissait faire.

Mme Conroy se mit à rire.

- Ne faites pas attention à lui, tante Kate, dit-elle. Il est tellement ennuyeux ; entre les abat-jours verts pour les yeux de Tom, les haltères qu'il lui fait soulever, et la bouillie qu'il veut forcer Éva à manger. La pauvre enfant ! Elle déteste même la vue de ça !... Oh ! mais vous ne devinerez jamais ce qu'il m'oblige à porter maintenant.

Elle éclata d'un rire joyeux et jeta un coup d'œil à son mari, dont le regard heureux et admiratif s'était porté de la toilette de la jeune femme à son visage, à sa chevelure. Les deux tantes rirent de bon cœur également, car la sollicitude de Gabriel était pour elles un sujet de plaisanterie bien établi.

- Des caoutchoucs, dit Mme Conroy, voilà le dernier cri. Dès qu'il semble qu'il va pleuvoir, il faut que je mette mes caoutchoucs. Même ce soir, il voulait que je les mette, mais j'ai refusé. La prochaine fois, il va sûrement m'acheter un costume de plongeur.

Gabriel eut un rire agacé et ajusta sa cravate pour retrouver son assurance, pendant que tante Kate était presque pliée en deux tant elle appréciait cette plaisanterie. Le sourire de tante Julia s'évanouit rapidement et ses yeux ternes se posèrent sur le visage de son neveu. Au bout d'un moment, elle demanda :

- Et qu'est-ce que des caoutchoucs, Gabriel ?

- Des caoutchoucs, Julia ! s'écria sa sœur, bonté divine, vous ne savez pas ce que c'est que des caoutchoucs ? Vous les portez par-dessus... par-dessus vos bottines, n'est-ce pas, Gretta ?

- Oui, dit Mme Conroy, c'est une sorte de gutta-percha. Nous en possédons chacun une paire à présent. Gabriel dit que tout le monde en porte à l'étranger.

- Oh ! à l'étranger, murmura tante Julia en hochant la tête.

Gabriel fronça les sourcils et dit avec une nuance de déplaisir :

- Il n'y a là rien d'extraordinaire ; mais Gretta trouve cela drôle ; cela lui rappelle les pitres nègres.

- Mais, dites-moi, Gabriel, dit tante Kate avec tact, bien entendu vous vous êtes occupés de votre chambre. Gretta disait...

- Oh ! la chambre est très bien, répondit Gabriel, j'en ai retenu une au Gresham.

- Certes, dit tante Kate, on ne saurait mieux faire. Et les enfants, Gretta, vous n'êtes pas inquiets pour eux ?

- Oh ! pour une nuit, dit Mme Conroy ; d'ailleurs, Bessie s'en chargera.

- Certes, reprit tante Kate. Quel repos d'avoir une fille pareille, sur laquelle on puisse compter ! Cette Lily par exemple, je ne sais vraiment pas ce qu'elle a depuis quelque temps. Elle n'est plus la même.

Gabriel s'apprêtait à interroger sa tante à ce sujet, mais elle s'interrompit brusquement pour suivre des yeux sa sœur qui s'égarait dans l'escalier et tendait le cou par-dessus la rampe.

- Je vous demande un peu, dit-elle sur un ton presque bourru, où va cette Julia ! Julia, Julia, où allez-vous ?

Julia, qui n'avait descendu que quelques marches, remonta et annonça avec calme :

- Voilà Freddy.

Au même instant, des applaudissements et un accord final du pianiste annoncèrent la fin de la valse. La porte s'ouvrit sur le salon et quelques couples en sortirent. Tante Kate tira vivement Gabriel à l'écart et lui murmura à l'oreille :

- Ayez donc l'obligeance de faire un saut jusqu'en bas, et voyez s'il est d'aplomb, et, s'il titube un peu, ne le laissez pas monter. Je suis sûre qu'il est gris, j'en suis sûre.

Gabriel se dirigea vers la rampe de l'escalier pour écouter. Il entendit parler deux personnes dans l'office, puis reconnut le rire de Freddy Malins. Il descendit l'escalier avec fracas.

- C'est un tel soulagement, dit tante Kate à Mme Conroy, d'avoir Gabriel. Je me sens toujours l'esprit plus tranquille lorsqu'il est là... Julia, voici Mlle Daly et Mlle Power qui prendront quelques rafraîchissements. Merci pour cette belle valse, Miss Daly. Elle rythmait à merveille.

Un homme de haute taille, le visage ratatiné et bistré, à la moustache raide et grisonnante, qui passait avec sa danseuse, dit :

- Pouvons-nous aussi nous rafraîchir, Mlle Morkan ?

- Julia, dit tante Kate sans autre commentaire, voici également M. Browne et Mlle Furlong. Emmenez-les avec Mlle Daly et Mlle Power.

- Je suis le chevalier servant de ces dames, dit M. Browne en pinçant les lèvres sous sa moustache hirsute et souriant de toutes ses rides ; vous savez, Miss Morkan, si je leur plais tant, c'est parce que...

Il ne finit pas sa phrase, voyant que tante Kate ne pouvait plus l'entendre, et escorta immédiatement les trois jeunes dames jusqu'à la chambre du fond.

Au centre de la pièce, deux tables carrées étaient disposées bout à bout, sur lesquelles tante Julia et le gardien étalaient et lissaient une grande nappe. Sur le buffet, étaient disposés des plats, des assiettes, des verres, ainsi que des paquets de couteaux, de fourchettes et de cuillères. Le haut carré du piano, fermé, servait de desserte pour les viandes et les friandises. Dans un coin, devant un buffet plus petit, deux jeunes hommes debout buvaient des hop bitters. M. Browne y conduisit son groupe et les invita tous par plaisanterie à boire un punch pour dames, fort, bouillant et sucré. Comme celles-ci répondirent qu'elles ne prenaient jamais rien de fort, il leur déboucha trois bouteilles d'eau gazeuse. Puis, il demanda à l'un des jeunes hommes de s'écarter et, saisissant un carafon, se versa une bonne mesure de whisky. Les jeunes hommes le contemplaient avec respect pendant qu'il en lampait une gorgée.

- Dieu m'assiste ! dit-il en souriant. J'obéis à la prescription du médecin.

Sa figure ratatinée s'épanouit en un sourire, et les trois jeunes filles répondirent à sa facétie par un rire musical qui les fit se balancer légèrement et secoua leurs épaules. La plus hardie déclara :

- Allons, monsieur Browne, je suis certaine que le docteur ne vous a rien prescrit de tel.

M. Browne reprit une nouvelle gorgée de son whisky et dit avec une mimique feinte :

- Mon Dieu, vous comprenez, je suis comme l'illustre Mme Cassidy, connue pour avoir dit : « Allons Mary Grimes, si je ne le prends pas, faites-le-moi prendre, car je sens qu'il me le faut. » Sa figure échauffée s'était rapprochée d'une façon un peu trop intime et il parlait avec un fort accent de Dublin, de sorte que les jeunes filles, d'un commun accord, accueillirent son discours par un silence. Miss Furlong, l'une des élèves de Mary Jane, demanda à Miss Daly le nom de la jolie valse qu'elle venait de jouer, et M.

Browne, voyant qu'elles ne s'occupaient pas de lui, se retourna vite vers les deux jeunes gens qui savaient mieux l'apprécier.

Une jeune femme au visage rubicond, vêtue de violet, entra dans la pièce, battant des mains avec frénésie et criant :

- Aux quadrilles ! En place pour les quadrilles !

Sur ses talons venait tante Kate qui criait :

- Deux messieurs et trois dames, Mary Jane !

- Oh ! voilà M. Bergin et M. Kerrigan, dit Mary Jane ; monsieur Kerrigan, voulez-vous prendre Miss Power ? Miss Furlong, puis-je vous trouver un cavalier ? Monsieur Bergin. Allons, nous y voilà enfin !

- Trois dames, Mary Jane, dit tante Kate.

Ces deux messieurs demandèrent à ces dames si elles voulaient bien leur accorder cette danse, et Mary Jane se tourna vers Miss Daly :

- Oh ! Miss Daly, vous êtes vraiment trop douée ! Après avoir joué ces deux dernières danses. Mais vraiment nous sommes tellement à court de dames ce soir.

- Cela ne me dérange pas du tout, Miss Morkan.

- Mais j'ai un charmant cavalier pour vous, M. Bartell d'Arcy, le ténor. Je tâcherai de le faire chanter tout à l'heure. Tout Dublin en raffole.

- Une voix superbe, superbe, dit tante Kate.

Comme le piano avait repris deux fois le prélude pour la première figure, Mary Jane emmena rapidement sa recrue. À peine étaient-ils partis que tante Julia avançait à pas précipités dans la pièce, regardant derrière elle.

- Qu'est-il arrivé, Julia ? demanda tante Kate avec inquiétude. Qui est là ?

Julia, portant un édifice de napperons, se tourna vers sa sœur, surprise par la question, et se contenta de répondre :

- Ce n'est que Freddy, Kate, et Gabriel est avec lui.

Juste derrière elle, on pouvait voir Gabriel conduisant Freddy Malins le long du palier. Ce dernier, un homme d'une quarantaine d'années, de même taille et de même carrure que Gabriel, avait les épaules très voûtées. Sa figure était bien en chair et blafarde, la couleur n'y apparaissait qu'aux lobes épais des oreilles et sur ses larges narines. Ses traits étaient vulgaires, avec un nez rond, un front convexe et fuyant, des lèvres boursouflées et saillantes ; ses paupières lourdes et le désordre de ses cheveux clairsemés lui donnaient un air endormi. Il riait aux éclats sur un ton aigu, racontant une histoire à Gabriel dans l'escalier, tout en se frottant l'œil de son poing gauche.

- Bonsoir Freddy, dit tante Julia.

Freddy Malins salua les demoiselles Morkan d'une manière qui aurait pu sembler cavalière à cause de son hoquet chronique. Puis, voyant que M. Browne lui adressait un sourire ironique depuis le buffet, il traversa la pièce avec des pas chancelants et lui répéta à voix basse l'histoire qu'il venait de raconter à Gabriel.

- Il n'a pas l'air mal, n'est-ce pas ? demanda tante Kate à Gabriel.

Gabriel avait froncé les sourcils, mais il les détendit aussitôt et répondit :

- Oh ! non, c'est à peine perceptible.

- N'est-ce pas qu'il est terrible ? dit-elle. Et dire que sa pauvre mère lui avait fait promettre d'être tempérant la veille du jour de l'an ! Mais venez, Gabriel, allons au salon.

Avant de quitter la pièce avec Gabriel, elle fit un signe à M. Browne en fronçant les sourcils et en remuant son index de droite à gauche. M. Browne, en guise de réponse, hocha la tête, et une fois qu'elle fut partie, il dit à Freddy Malins :

- À présent, Teddy, je vais vous servir un bon verre d'eau gazeuse, histoire de vous remonter.

Alors qu'il atteignait l'apogée de son récit, Freddy Malins repoussa impatiemment l'offre. Mais M. Browne, détournant l'attention du jeune homme sur un léger désordre de sa toilette, lui servit un verre d'eau gazeuse et le lui tendit. La main gauche de Freddy Malins reçut le verre machinalement, sa main droite étant occupée à rétablir le désordre de sa toilette. M. Browne, dont la figure s'illumina d'une gaieté contenue, se servit un verre de whisky, tandis que Freddy Malins, avant même d'avoir atteint le point culminant de son récit, s'esclaffait. Déposant son verre encore intact, il se mit à frotter son œil gauche de son poing gauche, répétant sa dernière phrase autant que son accès d'hilarité le lui permettait.

Gabriel avait du mal à écouter Mary Jane alors qu'elle jouait son morceau de concert, rempli de traits et de passages difficiles, dans le salon devenu subitement silencieux. Bien qu'il aimât la musique, il ne percevait aucune mélodie dans le morceau qu'elle jouait, et il n'était pas sûr que les autres en perçoivent davantage, bien qu'ils eussent supplié Mary Jane de leur jouer quelque chose. Quatre des jeunes gens, en entendant le piano, étaient sortis du buffet pour se tenir dans l'encadrement de la porte ; mais après quelques minutes, ils étaient repartis sans bruit, deux par deux. Les seules personnes qui semblaient attentives étaient Mary Jane elle-même, dont les mains couraient sur le clavier ou demeuraient suspendues durant les points d'orgue, ressemblant à celles d'une prêtresse qui se livrerait à des imprécations momentanées, et tante Kate, qui se tenait derrière elle pour lui tourner les pages.

Les yeux de Gabriel, éblouis par le parquet brillant sous le lustre, se posèrent sur le mur au-dessus du piano. Une reproduction de la scène du balcon de Roméo et Juliette y était accrochée, tandis qu'à côté se trouvait le tableau du meurtre des enfants d'Édouard dans la tour, brodé par tante

Julia avec des laines rouges, bleues et marron lorsqu'elle était enfant. Il se rappela qu'à l'école, on leur avait enseigné ce type de travail pendant un an. Sa mère lui avait brodé, pour son anniversaire, de petites têtes de renards sur un gilet de moire pourpre, doublé de satin mordoré et orné de boutons ronds en forme de mûre. Bien que sa mère ne fût pas musicienne, tante Kate la qualifiait souvent de "cerveau" de la famille Morkan. Toutes deux, elle et Julia, manifestaient une certaine fierté envers leur sœur sérieuse et imposante. Sa photographie trônait devant la glace au-dessus de la cheminée. Elle tenait un livre ouvert sur ses genoux et semblait indiquer quelque chose à Constantin, qui, en costume marin, était étendu à ses pieds. Elle avait elle-même choisi les prénoms de ses fils, étant très attachée au décorum de la vie de famille. Grâce à elle, Constantin était maintenant curé à Balbriggan, et grâce à elle également, Gabriel avait obtenu son diplôme à la Royal University. Un pincement douloureux traversa Gabriel en se souvenant de l'opposition opiniâtre de sa mère à son mariage. Quelques mots blessants qu'elle avait prononcés à ce sujet résonnaient encore dans sa mémoire ; elle avait une fois qualifié Gretta de "paysanne rouée", un jugement totalement erroné. Gretta avait en réalité pris soin de la mère de Gabriel lors de sa dernière maladie à Monkstown.

Gabriel savait que Mary Jane allait bientôt terminer son morceau, car elle recommençait le prélude auquel elle ajoutait une série de traits à chaque mesure. Alors qu'il attendait la fin, son ressentiment s'apaisait dans son cœur. Le morceau se termina par un trémolo unisson dans les notes aiguës suivi d'un accord plaqué à la basse. De grands applaudissements saluèrent Mary Jane, qui, rougissante et roulant nerveusement son cahier de musique, s'enfuit du salon. Les applaudissements les plus vigoureux venaient des quatre jeunes hommes qui étaient revenus du buffet dès le début du morceau et étaient retournés près du piano dès que la musique s'était tue.

Un pas des lanciers fut organisé. Gabriel se retrouva en face de Miss Ivors, une jeune femme au tempérament bavard et aux manières franches, dont le visage était parsemé de taches de rousseur et les yeux brun vif. Son corsage était modeste, sans décolleté, et une large broche ornait le devant de son col, arborant une devise et un emblème irlandais. Une fois placés, elle lui lança abruptement :

- Nous avons des comptes à régler, tous les deux.

Gabriel, surpris, répondit :

- Avec moi ?

Elle acquiesça gravement.

- De quoi s'agit-il ? demanda Gabriel, esquissant un sourire face à sa solennité.

- Qui est G.C. ? répliqua Miss Ivors en le fixant du regard.

Gabriel rougit légèrement et semblait sur le point de froncer les sourcils, comme s'il feignait de ne pas comprendre, quand soudain elle ajouta :

- Oh ! allons bon ! J'ai découvert que vous écrivez pour le Daily Express. N'avez-vous pas honte de vous ?

- Pourquoi devrais-je avoir honte ? demanda Gabriel en clignant des yeux et essayant de sourire.

- Eh bien, moi, j'ai honte pour vous, déclara Miss Ivors sans détour. Comment pouvez-vous écrire pour un journal pareil ! Je ne vous aurais jamais pris pour un Anglois.

Gabriel resta interdit. Certes, il écrivait un article littéraire dans le Daily Express chaque mercredi, pour lequel il touchait quinze shillings, mais cela ne suffisait guère à le qualifier d'Anglais. Il trouvait presque plus de satisfaction dans les livres qu'il recevait pour ses critiques que dans le maigre chèque. La sensation du contact des reliures sous ses doigts et le feuilletage des pages des ouvrages fraîchement imprimés lui procurait un plaisir indéniable. Presque chaque jour, une fois ses heures d'enseignement au collège achevées, il errait le long des quais jusqu'aux bouquinistes de seconde main, chez Hickey sur le Bacheler Walk, chez Webbs ou chez Massey sur le quai d'Aston, voire chez O'Clohissey dans une rue secondaire. Face à l'accusation de la jeune fille, il se sentit désemparé. Il aurait voulu répondre que la littérature était au-dessus de la politique. Mais ils étaient amis depuis longtemps et avaient mené leur carrière de front, d'abord à l'université, puis dans l'enseignement. Il ne pouvait pas risquer une phrase pompeuse avec elle. Alors, il continua à cligner des yeux et à esquisser un sourire, puis bredouilla maladroitement qu'il ne voyait rien de politique dans le fait de rédiger des critiques littéraires.

Lorsque vint leur tour de traverser, Gabriel demeurait toujours perplexe et distrait. Miss Ivors lui prit vivement la main et lui dit d'un ton doux et amical :

- Allez ! ce n'était qu'une plaisanterie ; venez, c'est à vous de traverser.

Lorsqu'ils se retrouvèrent seuls, elle aborda la question universitaire, et Gabriel se sentit plus à l'aise. Un ami à elle lui avait montré le compte rendu de Gabriel sur les poèmes de Browning, révélant ainsi le secret. Elle avait beaucoup apprécié cette analyse.

Puis, elle dit tout à coup :

- Dites donc, monsieur Conroy, viendrez-vous en expédition aux îles d'Aran ? Nous allons y passer tout un mois. Ce sera merveilleux d'être en plein Atlantique. Vous devriez venir. M. Clancy, M. Kilkelly et Kathleen Kearney viennent aussi. Ce serait si bien pour Gretta de venir également. Elle est de Connacht, n'est-ce pas ?

- Sa famille l'est, dit Gabriel sèchement.

- Et vous, vous viendrez, n'est-ce pas ? insista Miss Ivors, appuyant avec empressement sa main tiède sur le bras du jeune homme.

- À vrai dire, dit Gabriel, je viens justement d'arranger pour aller...

- Où ? demanda Miss Ivors.

- Eh bien, vous savez, chaque année, je fais un tour à bicyclette avec quelques camarades et alors...

- Mais où ? demanda Miss Ivors.

- Eh bien, nous allons habituellement en France ou en Belgique, peut-être en Allemagne, dit Gabriel embarrassé.

- Et pourquoi allez-vous en France ou en Belgique, demanda Miss Ivors, au lieu de visiter votre propre pays ?

- Eh bien, dit Gabriel, c'est en partie pour entretenir la connaissance des langues, en partie pour changer d'air.

- Et n'avez-vous pas besoin de maintenir la connaissance de votre langue natale, l'irlandais ? demanda Miss Ivors.

- Eh bien ! dit Gabriel, puisque vous soulevez la question, vous savez, l'irlandais n'est pas ma langue.

- Leurs voisins s'étaient retournés pour écouter l'interrogatoire. Gabriel jeta un coup d'œil préoccupé à droite et à gauche et s'efforça de conserver sa bonne humeur, malgré l'épreuve qu'il subissait et qui le faisait rougir jusqu'au front.

- Et n'avez-vous pas votre propre pays à visiter ? continua Miss Ivors. Vous ignorez tout de vos compatriotes et de votre patrie.

- Oh ! à dire vrai, répliqua Gabriel, j'en ai par-dessus la tête de mon pays, par-dessus la tête !

- Pourquoi ? demanda Miss Ivors.

Gabriel ne répondit pas, encore échauffé par sa dernière repartie.

- Pourquoi ? insista Miss Ivors.

Leur tour était venu pour la figure des visites et, ne recevant toujours pas de réponse, Miss Ivors ajouta avec chaleur :

- Vous voyez, vous ne trouvez rien à dire.

Gabriel tenta de dissimuler son agitation en s'investissant pleinement dans la danse. Il évitait de croiser le regard de la jeune fille, ayant aperçu une expression acerbe sur son visage. Cependant, lorsqu'ils se retrouvèrent dans la grande chaîne, il fut surpris de sentir une pression ferme sur sa main. Elle le fixa un instant par-dessus ses sourcils, avec un air railleur, jusqu'à ce qu'il finisse par sourire. Puis, juste avant que la chaîne ne se reforme, elle se haussa sur la pointe des pieds et lui chuchota à l'oreille :

- Anglish !

Les lanciers terminés, Gabriel se dirigea vers un des coins les plus reculés de la pièce où était assise la mère de Freddy Malins, une vieille femme corpulente et fragile, aux cheveux blancs. Comme son fils, elle avait une voix rauque et bégayait légèrement. Elle savait que Freddy était présent et qu'il se comportait à peu près bien. Gabriel lui demanda si elle avait fait une bonne traversée. Elle vivait à Glasgow chez sa fille mariée et venait à Dublin une fois par an. Elle répondit tranquillement qu'elle avait eu une excellente traversée et que le capitaine avait été très attentionné. Elle parla aussi de la magnifique maison de sa fille à Glasgow et de tous les amis qu'ils avaient là-bas. Pendant qu'elle parlait sans interruption, Gabriel essayait de chasser de son esprit le souvenir désagréable de son altercation avec Miss Ivors. Certes, cette fille, ou femme, peu importait, était une exaltée, mais il y a un moment pour tout. Peut-être n'aurait-il pas dû lui répondre de cette manière. Cependant, elle n'avait pas le droit de le traiter d'Anglish en public. Elle avait tenté de le ridiculiser devant les autres, le harcelant de questions et le dévisageant avec ses yeux de lapin.

Il aperçut sa femme qui se frayait un passage vers lui à travers les couples de valseurs. Lorsqu'elle l'eut rejoint, elle lui dit à l'oreille :

- Gabriel, tante Kate voudrait savoir si vous comptez découper l'oie comme d'habitude. Miss Daly coupera le jambon et je me chargerai du pudding.

- Ça va, dit Gabriel.

- Elle fait entrer les plus jeunes d'abord, dès que la valse sera finie, de sorte que nous aurons la table pour nous.

- Vous avez dansé ? demanda Gabriel.

- Bien sûr, ne m'avez-vous pas vue ? À quel sujet vous êtes-vous disputé avec Miss Ivors ?

- Nous ne nous sommes pas disputés. Pourquoi ? Elle vous a dit cela ?

- Ou quelque chose d'approchant. J'essaie de convaincre M. d'Arcy de chanter. Il est terriblement orgueilleux, je crois.

- Nous ne nous sommes pas disputés, dit Gabriel d'un ton morne, seulement elle voulait que j'aille dans l'ouest de l'Irlande et je lui ai dit que je ne voulais pas.

Sa femme fit un petit saut et joignit les mains avec enthousiasme.

- Oh ! allez-y, Gabriel, s'écria-t-elle, j'aimerais tant revoir Galway.

- Vous êtes libre d'y aller si cela vous chante, répondit Gabriel froidement.

Elle le regarda un instant, puis se tourna vers Mme Malins et dit :

- Voilà un mari attentionné, madame Malins.

Alors qu'il se frayait un chemin à travers le salon, Gabriel fut interpellé par Mme Malins, qui, sans se soucier de cette interruption, continua à lui parler des magnifiques endroits en Écosse et des superbes paysages. Elle lui raconta comment son gendre les emmenait chaque année aux lacs pour pêcher. Selon elle, son gendre était un pêcheur exceptionnel. Elle mentionna qu'un jour, il avait attrapé un gros poisson, et le cuisinier de l'hôtel l'avait préparé pour leur dîner.

Gabriel était à peine attentif à ce qu'elle disait ; alors que l'heure du souper approchait, ses pensées étaient occupées par son discours et sa citation. Dès qu'il vit Freddy Malins traverser la pièce pour rejoindre sa mère, Gabriel lui céda sa chaise et se retira dans l'embrasure de la fenêtre. Le salon se vidait progressivement, et des bruits de vaisselle provenaient de la pièce adjacente. Ceux qui restaient dans le salon semblaient fatigués de danser et conversaient tranquillement en petits groupes. Gabriel tapotait nerveusement la vitre froide avec ses doigts chauds et tremblants. Il imaginait à quel point il devait faire frais dehors ! Se promener seul, longer la rivière, traverser le parc... La neige devait probablement recouvrir les branches des arbres et coiffer de blanc le monument de Wellington. Être dehors serait bien plus agréable que rester dans la salle du souper.

Il passa en revue mentalement les différents points de son discours : l'hospitalité irlandaise, les souvenirs mélancoliques, les trois grâces, Paris, la citation de Browning. Il se remémora une phrase qu'il avait écrite dans l'un de ses comptes rendus : "On sent que l'on assiste à une musique torturée de pensée." Miss Ivors avait fait l'éloge de l'article. Était-ce sincère ? Vivait-elle vraiment une vie personnelle derrière son zèle pour la propagande ? Jusqu'à ce soir, il n'y avait jamais eu d'animosité entre eux. Il se sentait troublé à l'idée de la retrouver à table, sachant qu'elle porterait un regard critique et railleur sur lui pendant son discours. Peut-être serait-elle même contente de le voir échouer. Une idée le rassura : il ferait référence à tante Kate et à tante Julia en disant : "Mesdames, messieurs, la génération qui s'achève pouvait avoir ses défauts, mais, à mon avis, elle possédait certaines qualités d'hospitalité, d'humour, d'humanité qui semblent manquer à la génération actuelle, une génération très sérieuse et instruite à l'excès qui grandit autour de nous." Bien, cela devrait suffire pour Miss Ivors. Peu importait à Gabriel que ses tantes ne fussent que deux femmes âgées et ignorantes.

Dans la salle, un murmure attira son attention. M. Browne s'avançait depuis la porte, escortant galamment tante Julia qui souriait timidement et s'appuyait sur son bras, les yeux baissés. Des applaudissements nourris l'accompagnèrent jusqu'au piano, puis, lorsque Mary Jane s'installa sur le tabouret et que tante Julia, qui ne souriait plus, se tourna légèrement pour lancer sa voix dans la pièce, les applaudissements s'atténuèrent progressivement. Gabriel reconnut le prélude d'une vieille chanson de tante Julia : "Parée pour les noces". D'une voix claire et puissante, elle entonna brillamment les roulades qui agrémentaient la mélodie, et bien qu'elle chante rapidement, elle ne manqua aucune appoggiature. Suivre sa voix, sans la regarder, c'était ressentir et partager l'ivresse d'un vol rapide et sûr. Gabriel applaudit chaleureusement, comme tout le monde, lorsque la chanson se termina, et des applaudissements nourris leur parvinrent de la table du souper, hors de leur vue, probablement si sincères que tante Julia rougit légèrement alors qu'elle replaçait le recueil de mélodies, portant ses initiales sur la reliure de cuir fatigué, dans le casier à musique. Freddy Malins, qui l'écoutait en penchant la tête pour mieux entendre, continuait d'applaudir même après que les autres se furent tus, et il parlait avec animation à sa mère, qui approuvait gravement de la tête. Lorsqu'il eut fini d'applaudir, il se leva et traversa la pièce en courant vers tante Julia, lui saisissant la main entre les siennes, la secouant lorsque les mots lui manquaient ou que son hoquet le surprenait.

> - Je disais justement à ma mère, déclara-t-il, que je ne vous avais jamais entendue chanter aussi merveilleusement que ce soir. Jamais. Non, jamais vous n'avez été aussi brillante. Croyez-le ou non, c'est la vérité. Je vous assure, je n'ai jamais entendu votre voix aussi fraîche, aussi cristalline, aussi éclatante, jamais.

Tante Julia s'épanouit et murmura quelque chose sur les compliments en général, tandis qu'elle libérait doucement sa main de cette poigne. M. Browne lui tendit la sienne et, comme s'il présentait un spectacle à l'audience, il dit à ceux qui étaient proches de lui :

> - Mesdames et messieurs, permettez-moi de vous présenter Miss Julia Morkan, ma dernière trouvaille.

Il éclata de rire à sa propre plaisanterie, mais Freddy Malins se tourna vers lui et dit :

- Eh bien, Browne, si vous êtes sérieux, vous pourriez certainement trouver pire. Tout ce que je peux dire, c'est que je n'ai jamais entendu sa voix aussi magnifique depuis que je viens ici. Et je vous assure que c'est la pure vérité.

- Moi aussi, déclara M. Browne. Je pense que sa voix a vraiment progressé.

Tante Julia haussa légèrement les épaules et fit une remarque teintée d'un orgueil timide :

- En matière de voix, la mienne n'était pas si mal il y a trente ans.

- J'ai souvent dit à Julia, ajouta tante Kate avec vigueur, que chanter dans ce chœur était un gaspillage de son talent. Mais elle n'a jamais voulu m'écouter.

Elle se tourna comme cherchant le soutien du bon sens des autres contre une enfant obstinée, tandis que tante Julia, le regard fixe, arborait un léger sourire évoquant des souvenirs lointains.

- C'est vrai, continua tante Kate, elle n'a jamais voulu m'écouter, ni personne d'ailleurs ; elle consacrait tout son temps et son énergie à ce chœur. À quoi bon se fatiguer à chanter à six heures du matin le jour de Noël, et ainsi de suite ?

- N'est-ce pas pour honorer Dieu, tante Kate ? demanda Mary Jane en pivotant sur son tabouret de piano avec un sourire.

Tante Kate, indignée, se tourna vers sa nièce et répliqua :

- Je sais tout ce qui est dû à l'honneur de Dieu, Mary Jane, mais je pense que ce n'est pas du tout honorable de la part du pape de renvoyer des chœurs entiers de femmes qui ont dédié leur vie à cela, pour les remplacer par de jeunes novices. Je suppose que le pape agit ainsi dans l'intérêt de l'Église, mais ce n'est pas juste, Mary Jane, ce n'est pas juste du tout.

Elle était visiblement émue et aurait continué à défendre sa sœur, car le sujet était sensible pour elle, si Mary Jane, voyant revenir les danseurs, n'était pas intervenue pour apaiser la situation.

- Allons, tante Kate, vous êtes en train de provoquer un scandale, surtout devant M. Browne, qui appartient à une autre confession religieuse.

Tante Kate se tourna vers M. Browne, qui souriait en entendant cette allusion à sa foi, et répondit vivement :

- Oh, je ne remets pas en question les décisions du pape. Je ne suis qu'une vieille femme stupide et je ne me permettrais pas de le faire. Mais il y a tout de même des notions de politesse et de reconnaissance élémentaires. Si j'étais Julia, je n'hésiterais pas à le dire clairement au père Healy.

- Et puis, tante Kate, intervint Mary Jane, nous avons très faim, et quand on a faim, on est un peu querelleur.

- Et quand on a soif aussi, ajouta M. Browne.

- C'est pourquoi nous devrions aller souper, proposa Mary Jane, nous reprendrons cette discussion plus tard.

Dans le vestibule adjoint au salon, Gabriel retrouva sa femme et Mary Jane qui tentaient de retenir Miss Ivors. Cependant, celle-ci, déjà coiffée de son chapeau et en train de boutonner son manteau, refusait catégoriquement de rester. Elle affirmait ne pas avoir le moindre appétit et avait déjà dépassé l'heure qu'elle s'était fixée.

- Encore dix minutes, Molly, supplia Mme Conroy, cela ne vous retardera pas, juste une petite bouchée après cette danse.

- Non, je ne peux vraiment pas, répondit-elle.

- Je crains que vous n'ayez pas vraiment apprécié, dit Mary Jane, déçue.

- Je vous assure, énormément, répondit Miss Ivors, mais il est temps que je m'en aille maintenant.

- Mais comment allez-vous rentrer ? demanda Mme Conroy.

- Oh, il n'y a que quelques pas à faire le long du quai.

Gabriel hésita un instant, puis proposa :

- Permettez-moi de vous raccompagner, Miss Ivors, si vous êtes vraiment obligée de partir ?

Mais Miss Ivors se détacha du groupe.

- Jamais de la vie ! s'exclama-t-elle. Pour l'amour du ciel, retournez à vos dîners sans vous soucier de moi. Je suis tout à fait capable de me débrouiller seule.

- Mais vous êtes vraiment une étrange jeune fille, Molly ! dit Mme Conroy franchement.

- Beannacht lilt ! lança Miss Ivors en riant, puis elle descendit rapidement l'escalier.

Mary Jane observa Miss Ivors partir avec une expression mêlée d'intrigue et de tristesse sur le visage, tandis que Mme Conroy se penchait au-dessus de la balustrade pour écouter la porte d'entrée se refermer. Gabriel se demanda s'il était la cause de ce départ précipité. Cependant, Miss Ivors ne semblait pas contrariée ; au contraire, elle était partie en riant. Il contempla l'escalier d'un air distrait.

À ce moment, tante Kate sortit précipitamment de la salle à manger, les mains tordues de désespoir.

- Où est Gabriel ? s'écria-t-elle. Où peut-il bien être ? Tout le monde est réuni, attendant, et personne pour découper l'oie.

- Me voilà, tante Kate ! répliqua Gabriel, soudainement animé, prêt à découper une flopée d'oies s'il le fallait.

Une oie dodue et brune était étendue à l'une des extrémités de la table, tandis qu'à l'autre, sur un lit de papier froissé parsemé de persil, reposait un énorme jambon débarrassé de sa première enveloppe et saupoudré de chapelure ; une ruche de papier entourait soigneusement le plateau, à côté duquel se trouvait une rouelle de bœuf épicé. Entre ces deux pièces maîtresses, s'alignaient, parallèles, des rangées de plats : deux petites cathédrales en gelée rouge et jaune, un plat creux rempli de blocs de blanc-manger et de confiture rouge, un plat figurant une large feuille verte dont la tige représentait le manche sur lequel étaient disposées des grappes de raisins secs et des amandes émondées, un autre plat similaire contenant un rectangle compact de figues de Smyrne, un compotier de crème cuite, saupoudrée de muscade, une petite coupe pleine de chocolats et de bonbons enveloppés de papier d'argent et doré, ainsi qu'un vase de cristal dans lequel piquaient de longues tiges de céleri. Au centre de la table, gardant un compotier soutenant une pyramide d'oranges et de pommes américaines, se trouvaient deux vieux pichets trapus en verre taillé, l'un contenant du porto et l'autre du sherry foncé. Sur le piano carré, un pudding reposait dans un énorme plat jaune, tandis que derrière lui, trois rangées de bouteilles de stout et d'eau minérale se tenaient debout, alignées selon les couleurs de leur étiquette, les deux premières noires, étiquetées en brun et rouge, et la troisième et plus petite, blanche, ceinturée de bandes vertes transversales.

Gabriel prit place avec assurance à l'une des extrémités de la table et, après avoir inspecté la lame du couteau à découper, transperça fermement l'oie avec sa fourchette. À présent, il se sentait parfaitement à l'aise, étant un découpeur expert, et rien ne lui plaisait davantage que de se retrouver à la tête d'une table bien garnie.

- Miss Furlong, que désirez-vous ? Une aile ou une aiguillette ? demanda-t-il.

- Une fine aiguillette", répondit-elle.

- Et vous, Miss Kiggins ?

- Oh, ce que vous voulez, Monsieur Conroy, répondit Miss Kiggins.

Pendant que Gabriel et Miss Daly distribuaient des portions d'oie, de jambon et de bœuf épicé, Lily parcourait la table avec un plat de pommes de terre chaudes et farineuses, enveloppées dans une serviette blanche. C'était une suggestion de Mary Jane, qui avait également proposé de la sauce aux pommes pour accompagner l'oie, mais tante Kate avait affirmé qu'une simple oie rôtie sans sauce aux pommes lui suffisait toujours, et elle espérait ne jamais avoir à manger quelque chose de pire. Mary Jane veillait à ce que ses propres élèves soient bien servies, s'assurant qu'elles obtiennent les meilleurs morceaux, tandis que tante Kate et tante Julia transféraient les bouteilles de stout et d'ale du piano vers les messieurs, ainsi que les bouteilles d'eau minérale pour les dames. La scène était animée, remplie de rires, de confusion, d'ordres et de contre-ordres, avec des cliquetis de couverts, des bouchons qui sautent des carafes. Gabriel se mit à découper une deuxième série de portions dès qu'il eut terminé la première, avant même de se servir lui-même. Tout le monde protesta bruyamment, ce qui le poussa à compromettre en buvant une gorgée de stout, reconnaissant la difficulté de la tâche de découpage. Pendant ce temps, Mary Jane s'installa calmement pour son souper, tandis que tante Kate et tante Julia continuaient de circuler autour de la table, se marchant sur les talons, se donnant mutuellement des ordres qu'elles ignoraient. Malgré les encouragements de M. Browne et de Gabriel pour qu'elles se mettent à manger, elles affirmaient qu'elles avaient tout leur temps. Finalement, Freddy Malins se leva et, prenant tante Kate par le bras, la fit tomber de force sur sa chaise, ce qui déclencha un éclat de rire général.

Une fois que tout le monde eut été servi, Gabriel sourit et déclara :

- Si quelqu'un souhaite encore un peu de ce que le commun appelle du bourrage, qu'il ou elle le dise.

Un chœur de voix l'invita à entamer son propre repas, tandis que Lily s'approcha avec trois pommes de terre qu'elle lui avait mises de côté.

- Parfait, répondit aimablement Gabriel, se servant une deuxième rasade comme apéritif. Veuillez m'oublier un instant, mesdames et messieurs, ajouta-t-il.

Il se mit à manger sans participer à la conversation qui continuait tandis que Lily débarrassait les assiettes. Le sujet de discussion était la troupe de l'Opéra en représentation au théâtre Royal. M. Bartell d'Arcy, le ténor, un jeune homme basané à la moustache élégante, louait particulièrement le premier contralto de la compagnie, mais Miss Furlong critiquait son style qu'elle trouvait vulgaire. Freddy Malins raconta qu'il y avait un chef de clan africain qui chantait dans le deuxième acte de la pantomime de la Gaieté et qui possédait l'une des plus belles voix de ténor qu'il n'eût jamais entendues.

- L'avez-vous entendu ? demanda-t-il à M. d'Arcy par-dessus la table.

- Non, je ne l'ai pas entendu, répondit M. d'Arcy avec désinvolture.

- Je suis curieux de savoir ce que vous en pensez. Personnellement, je trouve sa voix superbe, expliqua Freddy Malins.

- Mais bien sûr, Teddy est toujours là pour faire de belles découvertes, commenta M. Browne de manière familière, s'adressant à l'ensemble des convives.

- Pourquoi pas ? demanda Freddy Malins de façon abrupte. Est-ce parce qu'il est Noir ?

La conversation dévia vers la scène lyrique, et Mary Jane mentionna qu'une de ses élèves lui avait offert un billet pour "Mignon". C'était une belle opportunité, dit-elle, mais cela lui rappelait la pauvre Georgina Burns. M. Browne évoqua les anciennes compagnies italiennes qui se produisaient à Dublin : Tretjens, Ilma di Murztka, Campanino, le grand Trebelli, Gurglini,

Ravelli, Aramburo. Il regrettait le temps où le chant était à son apogée à Dublin. Il raconta comment le poulailler du vieux Royal était toujours plein à craquer, comment un ténor italien avait été rappelé cinq fois pour "Laissez-moi tomber tel un soldat", atteignant chaque fois un ut, et comment les jeunes du poulailler, dans leur enthousiasme, avaient détaché les chevaux de la voiture d'une prima donna et l'avaient traînée à travers les rues jusqu'à son hôtel. Il se demanda pourquoi on ne jouait plus ces grands opéras anciens aujourd'hui : "Dinorah", "Lucrezia Borgia" ? Parce qu'il n'y a plus de voix capables de les interpréter, voilà pourquoi.

- Eh bien, dit M. Bartell d'Arcy, je pense qu'il y a aujourd'hui autant de bons chanteurs qu'il y en avait à l'époque.

- Où sont-ils ? demanda M. Browne.

- A Paris, à Londres, à Milan, répondit M. Bartell d'Arcy avec enthousiasme. Caruso, par exemple, est, je suppose, aussi bon, sinon meilleur que tous ceux que vous avez mentionnés.

- C'est possible, dit M. Browne, mais je doute fortement de cela.

- Oh ! je donnerais tout au monde pour entendre Caruso chanter, dit Mary Jane.

- Pour ma part, ajouta tante Kate qui venait de terminer de ronger un os, il n'y a jamais eu qu'un seul ténor qui m'ait plu, vous voyez. Mais je suppose que personne parmi vous ne l'a jamais entendu.

- Qui était-ce, Miss Morkan? demanda poliment M. Bartell d'Arcy.

- Il s'appelait Parkinson, répondit tante Kate. Je l'ai entendu à son apogée et je pense qu'il possédait alors la voix de ténor la plus pure jamais entendue.

- C'est curieux, dit M. Bartell d'Arcy, je n'ai même pas entendu son nom.

- Oui, oui, Miss Morkan a raison, intervint M. Browne, je me souviens avoir entendu parler de ce vieux Parkinson, mais c'est une époque trop lointaine pour moi.

- Une merveilleuse, pure, douce et mélodieuse voix de ténor anglais, ajouta tante Kate avec enthousiasme.

Une fois Gabriel a terminé, le pudding colossal a été apporté à la table. Le tintement des fourchettes et des cuillères a repris. La femme de Gabriel servait le pudding par portions et les assiettes étaient passées jusqu'au bas de la table. À mi-chemin, Mary Jane les arrêtait pour les garnir de gelée de framboise, d'orange, de blanc-manger et de confitures. Le pudding était l'œuvre de tante Julia et a reçu des éloges de tous côtés. Elle a répondu en disant qu'elle aurait préféré le voir un peu plus brun.

- Eh bien, j'espère, Miss Morkan, dit M. Browne, que je suis assez brun pour vous, car vous savez, je suis tout brun.

Tous les hommes, sauf Gabriel, ont pris une portion du pudding par respect pour tante Julia. Comme Gabriel ne prenait jamais de desserts, on lui a laissé le céleri. Freddy Malins a également pris une branche de céleri et l'a mangée avec son pudding. On lui avait dit que le céleri était bon pour la circulation sanguine et il était justement entre les mains du médecin. Mme Malins, qui était restée silencieuse pendant tout le dîner, a mentionné que son fils prévoyait de se rendre à Mont-Cilleray dans une semaine ou deux. La conversation a alors porté sur Mont-Cilleray : l'air y était revigorant ! Les moines y étaient incroyablement accueillants ! Ils ne demandaient jamais un sou à leurs invités.

- Et vous voulez nous faire croire, a demandé M. Browne d'un ton incrédule, que n'importe qui peut s'y rendre, s'y installer comme à l'hôtel, manger à sa faim et repartir sans rien payer ?

- Oh ! la plupart des visiteurs font un don au monastère avant de partir, expliqua Mary Jane.

- J'aimerais beaucoup avoir une telle organisation dans notre Église, déclara M. Browne avec sincérité.

Il était surpris d'apprendre que les moines observaient le silence, se levaient à deux heures du matin et dormaient dans des cercueils. Il demanda la raison de ces pratiques.

- C'est la règle de leur ordre, affirma tante Kate avec fermeté.
- Oui, mais pourquoi ? insista M. Browne.

Tante Kate répéta que c'était simplement la règle. M. Browne semblait toujours perplexe. Freddy Malins tenta d'expliquer que les moines cherchaient à expier les péchés commis par tous les pécheurs du siècle. Mais son explication était peu claire, car M. Browne ricana et demanda :

- L'idée est intéressante, mais est-ce qu'un bon lit à ressorts ne serait pas tout aussi efficace qu'un cercueil ?

- Le cercueil, expliqua Mary Jane, sert à leur rappeler leur propre mortalité.

La conversation, prenant un ton lugubre, se dissipa dans un silence complet, au cours duquel Mme Malins murmura à sa voisine à voix basse :

- Ces moines sont des hommes très bons, très pieux.

Des raisins secs, des amandes, des figues, des pommes, du chocolat et des bonbons furent passés autour de la table, et tante Julia invita tous les convives à prendre un verre de porto ou de sherry. M. Bartell d'Arcy commença par refuser les deux, mais l'un de ses voisins lui donna un coup de coude et lui chuchota quelque chose à l'oreille, après quoi il accepta de se faire servir. À mesure que les derniers verres étaient remplis, la conversation se calmait. Un silence s'installa, interrompu seulement par le bruit du vin versé et par le déplacement des chaises. Les trois Miss Morkan fixèrent la nappe. Quelqu'un toussa une ou deux fois, puis plusieurs messieurs tapotèrent légèrement sur la table pour demander le silence. Un silence s'installa et Gabriel poussa sa chaise en arrière pour se lever. Les tapotements sur la table se firent plus intenses, comme pour l'encourager, puis s'arrêtèrent complètement. Gabriel posa ses dix doigts tremblants sur la nappe et esquissa un sourire nerveux en direction de l'assemblée. Son regard croisa une rangée de visages tournés vers lui, puis il détourna les yeux vers le lustre. Le son d'une valse émanait du piano, accompagné du froissement des jupes contre la porte du salon. Peut-être que dehors, sur le quai, des personnes se tenaient debout dans la neige, observant les fenêtres illuminées et écoutant les sons de la musique. L'air était frais et pur à l'extérieur. Au loin, le parc se dessinait, avec ses arbres courbés sous le poids de la neige. Le monument de Wellington arborait un bonnet de neige étincelant, émergeant de l'ouest au-dessus de la blanche étendue de Quinze Acres.

Gabriel commença son discours :

« Mesdames et messieurs,

Comme les années précédentes, je me retrouve ce soir investi d'une tâche des plus agréables, mais néanmoins une tâche qui, je le crains, dépasse quelque peu mes capacités oratoires.

- Non, non, dit M. Browne.

Quoi qu'il en soit, je vous prie de bien vouloir prendre en considération l'intention derrière mes paroles et de m'accorder quelques instants d'attention pendant que j'essaie de vous exprimer les sentiments que j'éprouve en cette occasion.

Mesdames et messieurs, ce n'est pas la première fois que nous nous retrouvons sous ce toit hospitalier, autour de cette table tout aussi accueillante. Ce n'est pas la première fois que nous sommes les bénéficiaires, ou peut-être devrais-je dire les victimes, de la générosité de certaines charmantes dames présentes ici. »

Il esquissa un geste circulaire dans l'air et éclata de rire un instant. Tout le monde rit ou sourit à tante Kate, tante Julia et Mary Jane qui rosirent de plaisir. Gabriel continua avec une assurance renforcée :

« Chaque année, je ressens avec une intensité croissante que notre pays n'a pas de tradition plus honorable ni qu'il doive garder plus jalousement que celle de son hospitalité. C'est une tradition qui, à mon avis, semble unique parmi les nations modernes, autant que je puis en juger par mon expérience (et j'ai visité de nombreux pays étrangers). Certains pourraient peut-être dire que chez nous, c'est plutôt un défaut qu'une qualité dont nous devrions nous vanter. Mais même en admettant cela, je pense que c'est un défaut noble et qui, je l'espère, sera longtemps préservé parmi nous. Sur un point au moins, je peux en témoigner. Tant que ce toit abritera ces dames remarquables mentionnées précédemment - et j'espère du fond du cœur que cela durera encore de nombreuses années à venir - la tradition de l'hospitalité irlandaise courtoise, chaleureuse et sincère, transmise par nos ancêtres et que nous devons à notre tour transmettre à nos descendants, restera toujours vivante parmi nous. »

Un murmure chaleureux d'assentiment parcourut la table. L'idée que Miss Ivors n'était pas présente et qu'elle était partie de manière peu courtoise traversa l'esprit de Gabriel, mais il continua avec confiance en lui-même :

« Mesdames, Messieurs,

Une nouvelle génération émerge parmi nous, une génération imprégnée de nouvelles idées et de nouveaux principes, qui les prend au sérieux et s'enflamme pour eux, même si parfois son enthousiasme, même lorsqu'il est mal orienté, est, je le crois fermement, sincère. Mais nous vivons à une époque de scepticisme et, si je peux me permettre l'expression, « tourmentée par les pensées » ; parfois, je crains que cette nouvelle génération, éduquée et suréduquée comme elle l'est, ne possède pas les qualités d'humanité et d'hospitalité, de bonne humeur, qui étaient caractéristiques d'une autre époque. En entendant ce soir les noms de tous nos illustres chanteurs du passé, il m'a semblé, je l'avoue, que nous vivons à une époque moins généreuse. Les temps anciens peuvent, sans exagération, être qualifiés de généreux, et même s'ils sont révolus sans espoir de retour, souhaitons au moins que dans des rassemblements comme celui-ci, nous évoquions toujours avec fierté et affection leur souvenir, que nous continuions à honorer la mémoire de ces grands disparus, dont le monde ne laissera pas volontairement périr la gloire. »

- Très bien ! Très bien ! s'exclama M. Browne d'une voix forte.

« Cependant, continua Gabriel, sa voix prenant une inflexion plus douce, il arrive toujours, lors de rassemblements comme celui-ci, que des pensées plus mélancoliques viennent hanter nos esprits : des pensées du passé, de jeunesse, de changements, de visages dont nous ressentons ce soir l'absence. Notre chemin à travers la vie est parsemé de nombreux souvenirs, et si nous devions les chérir en permanence, nous n'aurions plus le courage d'accomplir vaillamment nos devoirs parmi les vivants. Nous avons tous des devoirs dans la vie, des affections qui réclament, à juste titre, notre engagement constant. C'est pourquoi je ne m'appesantirai pas sur le passé. Je ne veux pas qu'une atmosphère de tristesse pèse sur nous ce soir. Nous sommes réunis ici, échappant pour un bref moment à l'agitation de notre routine quotidienne. Nous nous rassemblons en tant qu'amis, dans un esprit de concorde fraternelle, et jusqu'à un certain point dans un véritable esprit de camaraderie, et aussi en tant qu'hôtes - comment pourrais-je les qualifier autrement ? - des trois grâces du monde musical de Dublin. »

Cette remarque fut accueillie autour de la table par des applaudissements et des éclats de rire. Tante Julia demanda à ses voisines ce que Gabriel venait de dire, mais en vain.

- Il dit que nous sommes les trois grâces, tante Julia, expliqua Mary Jane.

Tante Julia ne saisit pas tout à fait, mais elle leva les yeux en souriant vers Gabriel, qui continua dans le même esprit :
« Mesdames, Messieurs,
« Je ne me risquerai pas ce soir à jouer le rôle de Pâris dans une autre histoire. Je ne me risquerai pas à choisir parmi elles. La tâche serait délicate et au-dessus de mes capacités, car quand je les considère tour à tour : que ce soit notre principale hôtesse dont la bonté, la trop grande bonté, est devenue proverbiale pour tous ceux qui la connaissent ; que ce soit sa sœur qui semble être dotée d'une éternelle jeunesse et dont la voix, certes, a été une surprise et une révélation pour nous tous ce soir ; que ce soit encore la dernière, mais non la moindre, à savoir notre plus jeune hôtesse pleine de talent, d'énergie, assidue au travail et surtout la meilleure des nièces ; j'avoue, mesdames et messieurs, que je suis incapable de déterminer laquelle des trois mériterait le prix. »

Gabriel jeta un coup d'œil à ses tantes et voyant un large sourire sur le visage de tante Julia et des larmes monter aux yeux de tante Kate, il se hâta de conclure. Il leva galamment son verre de porto et, tandis que chaque membre de la compagnie attendait avec impatience, il dit d'une voix forte :

« Levons nos verres à leur santé à toutes les trois, souhaitons-leur longue vie et prospérité, et que leur position éminente dans leur profession ainsi que l'affection qu'elles suscitent dans nos cœurs perdurent longtemps. »

Tous les convives se levèrent, verre à la main, et se tournèrent vers les trois dames assises. Entonnant en chœur, avec M. Browne en tête :

Car ce sont de gais et joyeux compagnons,
Car ce sont de gais et joyeux compagnons,
Car ce sont de gais et joyeux compagnons.

Tante Kate essuyait ses larmes ouvertement, et même tante Julia semblait émue. Freddy Malins battait la mesure avec sa fourchette à pudding, et les chanteurs se regardaient comme s'ils conversaient en musique, chantant avec vigueur :

Sans mentir,
Sans mentir.

Puis, se tournant vers leurs hôtesses, ils répétèrent :

Car ce sont de gais et joyeux compagnons,
Car ce sont de gais et joyeux compagnons,
Car ce sont de gais et joyeux compagnons.

Les acclamations furent reprises par d'autres convives au-delà de la porte de la salle du souper. Freddy Malins, agissant comme un chef d'orchestre, brandissait sa fourchette.

Tante Kate s'exclama alors que l'air frais du matin s'engouffrait dans l'entrée où ils se trouvaient tous :

- Que l'un d'entre vous ferme la porte, sinon Mme Malins va attraper froid.

- Tante Kate, M. Browne est dehors, informa Mary Jane.

- Browne est toujours partout, répondit tante Kate en baissant la voix, ce qui fit rire Mary Jane.

- Tout de même, il faut reconnaître qu'il est très prévenant, ajouta malicieusement tante Kate. On le voit toujours errer autour, tant que durent les festivités de Noël.

Elle rit à sa propre remarque, puis ajouta précipitamment :

- Mais dites-lui de rentrer, Mary Jane, et fermez la porte. Que Dieu ne m'entende pas.

À ce moment-là, la porte s'ouvrit et M. Browne entra, se tenant les côtes en riant. Il était vêtu d'un long pardessus vert, avec des parements en imitation d'astrakan, et portait une toque fourrée de forme ovale. Il pointa du doigt l'extrémité enneigée du quai d'où venait un sifflement prolongé et aigu.

- Teddy va faire venir tous les taxis de Dublin, expliqua-t-il.

Gabriel, en train d'enfiler son pardessus, sortit d'un petit bureau derrière le hall, inspecta la pièce du regard et demanda :

- Gretta n'est pas encore descendue ?

- Elle est en train de se préparer, Gabriel, répondit tante Kate.

- Qui joue là-haut ? demanda Gabriel.

- Personne. Tout le monde est parti, fit remarquer tante Kate.

- Oh non, tante Kate, intervint Mary Jane. M. Bartell d'Arcy et Miss O'Callaghan sont encore là.

- En tout cas, quelqu'un pianote, observa Gabriel.

Mary Jane regarda tour à tour Gabriel et M. Browne, puis en frissonnant dit :

- Cela me donne froid de vous voir, messieurs, emmitouflés de la sorte. Je ne voudrais pas avoir à faire ce trajet de retour à cette heure-ci.

- Rien ne me tenterait plus à l'instant, déclara bravement M. Browne, qu'une bonne marche dans la campagne ou une promenade en voiture avec un cheval vif entre les brancards.

- Nous avions autrefois un très bon petit cheval chez nous, dit tante Julia d'un ton mélancolique.

- Le Johnny inoubliable, ajouta Mary Jane en riant.

Tante Kate et Gabriel rirent également.

- Pourquoi, qu'avait de spécial ce Johnny ? demanda M. Browne.

- Feu Patrick Morkan, notre grand-père tant regretté, connu en fin de vie sous le nom de 'vieux monsieur', était un fabricant de colle, expliqua Gabriel.

- Oh, voyons Gabriel, s'exclama tante Kate en riant, il possédait un moulin d'amidon.

- Peu importe, colle ou amidon", dit Gabriel. "Le vieux monsieur possédait un cheval nommé Johnny ; et Johnny travaillait dans le moulin du vieux monsieur, tournant éternellement en rond pour faire fonctionner le moulin. Jusqu'ici, tout va bien, mais voici la partie tragique concernant Johnny. Un beau jour, le vieux monsieur a eu l'idée de sortir en voiture avec des gens distingués pour aller voir la revue militaire dans le parc.

- Que le Seigneur ait pitié de son âme, dit tante Kate avec compassion.

- Amen, répondit Gabriel. Donc, le vieux monsieur, comme je viens de le dire, attela Johnny et mit son plus beau haut-de-forme, son faux col le plus élégant, et sortit avec grand apparat de sa résidence ancestrale, aux alentours de Back Lane, je crois.

Tout le monde éclata de rire aux manières de Gabriel, et tante Kate intervint :

- Oh, voyons Gabriel. Ce n'était pas à Back Lane qu'il habitait. Il n'y avait là que son moulin.

- Sortant de sa demeure ancestrale, reprit Gabriel, il partit avec Johnny. Et tout se passait bien jusqu'à ce que Johnny arrive devant la statue du roi Billy ; là, soit qu'il soit tombé amoureux du cheval monté par le roi Billy, soit qu'il se soit cru encore au moulin, il se mit à tourner en rond autour de la statue.

Gabriel fit le tour du vestibule dans ses chaussures en caoutchouc, au milieu du rire général.

- Il tournait sans cesse, poursuivit Gabriel, et le vieux monsieur, qui était un homme très solennel, fut profondément indigné : « Marchez, monsieur. Que signifie cette conduite, monsieur ? Johnny ! Johnny ! C'est incroyable, je ne comprends rien à ce cheval ! »

Les éclats de rire furent interrompus par un coup fort à la porte. Mary Jane se précipita pour ouvrir et fit entrer Freddy Malins. Son chapeau en arrière et ses épaules contractées par le froid, il arrivait tout essoufflé, la vapeur de son souffle s'échappant.

- Je n'ai trouvé qu'une voiture, annonça-t-il.

- Oh, nous en trouverons une autre sur le quai, répondit Gabriel.

- Oui, mieux vaut ne pas laisser Mme Malins attendre dans le courant d'air, ajouta tante Kate.

Aidée de son fils et de M. Browne, Mme Malins descendit les marches et après plusieurs manœuvres, elle fut installée dans la voiture. Freddy Malins monta derrière elle et passa un long moment à ajuster sa position sur la banquette, M. Browne lui prodiguant des conseils. Enfin, une fois qu'elle fut confortablement assise, Freddy Malins invita M. Browne à rejoindre la voiture.

Après quelques discussions, M. Browne accepta. Le cocher se couvrit les genoux avec une couverture et se pencha pour connaître l'adresse. La confusion augmenta lorsque le cocher reçut des instructions différentes de Freddy Malins et de M. Browne, qui avaient chacun la tête sortie par une portière. Ils discutaient pour savoir où déposer M. Browne en cours de route, et tante Kate, tante Julia et Mary Jane se joignaient à la discussion avec des instructions contradictoires et beaucoup de rires. Freddy Malins, pris d'un fou rire, ne pouvait presque plus parler. Il sortait la tête par la fenêtre, la retirant aussitôt pour ne pas perdre son chapeau, et tenait sa mère au courant des développements de la discussion jusqu'à ce que finalement, M. Browne, au-dessus de l'hilarité générale, crie au cocher affolé :

- Connaissez-vous Trinity College ? demanda M. Browne.

- Oui, monsieur, répondit le cocher.

- Eh bien, dirigez-vous droit vers le portail de Trinity College, ordonna M. Browne, et je vous indiquerai la suite du trajet. Vous avez compris maintenant ?

- Oui, monsieur, acquiesça le cocher.

- Allez-y comme une flèche jusqu'à Trinity College.

- Très bien, monsieur, répondit le cocher.

Il incita son cheval à avancer et la voiture se mit en branle le long des quais, accompagnée d'un concert de rires et de salutations.

Gabriel n'avait pas suivi les autres jusqu'à la porte. Il se tenait dans une partie sombre de l'entrée, observant l'escalier. Une femme se tenait sur le premier palier, également dans l'ombre. Il ne pouvait pas voir son visage, mais il remarquait les contrastes de sa jupe entre le brique et le saumon, accentués par l'ombre qui les rendait noir et blanc. C'était sa femme. Elle se reposait contre la rampe, écoutant quelque chose. Surpris par son immobilité, Gabriel tendit également l'oreille. Mais il n'entendait que le bruit des rires et des discussions sur les marches de la porte, quelques notes de piano et quelques mots prononcés par une voix masculine.

Il se tint silencieux dans l'obscurité du hall, essayant de reconnaître la mélodie chantée, levant les yeux vers sa femme. Il y avait quelque chose de gracieux et de mystérieux dans son attitude, comme si elle représentait quelque chose. Il se demanda ce que pouvait symboliser une femme se tenant dans l'ombre de l'escalier, écoutant une musique lointaine. Si jamais il était peintre, il la représenterait dans cette pose. Son chapeau de feutre bleu mettrait en valeur la teinte brune de ses cheveux sur le fond sombre, tandis que les contrastes de sa jupe ressortiraient. Il nommerait le tableau "Musique Lointaine", s'il était un artiste.

La porte cochère se referma, et tante Kate, tante Julia et Mary Jane entrèrent dans le hall, encore en train de rire.

- Freddy est vraiment terrible, n'est-ce pas ? dit Mary Jane.

Gabriel, sans répondre, désigna l'escalier où se tenait sa femme. Maintenant que la porte d'entrée était fermée, la voix et le piano devenaient plus distincts. Gabriel leva la main pour demander le silence. La chanson semblait être écrite dans le style traditionnel irlandais, et le chanteur semblait aussi peu sûr des paroles que de sa voix. Sa voix voilée, rendue plaintive par la distance, semblait accentuer la mélodie avec des paroles exprimant la détresse :

> O la pluie tombe sur ma lourde chevelure,
> La rosée humecte ma peau,
> Mon enfant gît glacé.

- Oh ! s'exclama Mary Jane. C'est M. Bartell d'Arcy, et il a refusé de chanter toute la soirée. Oh ! je vais le faire chanter quelque chose avant qu'il ne parte.

- Oui, je vous en prie, Mary Jane, acquiesça tante Kate.

Mary Jane, repoussant les autres, se précipita vers l'escalier, mais avant qu'elle n'ait pu l'atteindre, le chant se tut brusquement et le piano fut fermé d'un coup sec.

- Oh ! quel dommage ! s'exclama-t-elle. Est-ce qu'il descend, Gretta ?

Gabriel entendit sa femme répondre affirmativement et descendre vers eux, suivie de M. Bartell d'Arcy et de Miss O'Callaghan.

- Oh ! monsieur d'Arcy, s'écria Mary Jane, ce n'est pas gentil de votre part de vous arrêter ainsi alors que nous vous écoutions avec tant de plaisir.

- Mme Conroy et moi l'avons harcelé toute la soirée, expliqua Miss O'Callaghan, mais il nous a dit qu'il avait un rhume affreux et qu'il ne pouvait pas chanter.

- Oh ! monsieur d'Arcy, répliqua tante Kate, vous racontez des histoires.

- Ne voyez-vous pas que je suis enroué comme un crapaud ? répondit M. d'Arcy d'un ton brusque.

Il passa rapidement dans l'office pour enfiler son pardessus. Les autres, déconcertés par son impolitesse, ne surent que dire. Tante Kate fronça les sourcils et fit signe aux autres d'abandonner le sujet. M. d'Arcy serrait soigneusement son écharpe autour de son cou, l'air sombre.

- C'est le temps, annonça tante Julia après un moment.

- Oui, tout le monde semble enrhumé, ajouta rapidement tante Kate, tout le monde.

- On raconte, dit Mary Jane, qu'il n'a pas neigé autant depuis trente ans ; et j'ai lu ce matin dans les journaux que c'est général dans toute l'Irlande.

- J'adore la neige, dit tante Julia d'un air mélancolique.

- Moi aussi, ajouta Miss O'Callaghan. Pour moi, Noël ne semble jamais être un vrai Noël s'il n'y a pas de neige au sol.

- Mais le pauvre monsieur d'Arcy n'apprécie pas la neige, dit tante Kate en souriant.

M. d'Arcy revint de l'office, enveloppé et boutonné jusqu'au menton, et il raconta l'origine de son rhume avec un air contrit. Chacun lui prodigua des conseils différents, exprima ses regrets et l'encouragea à prendre toutes les précautions nécessaires pour protéger sa gorge du froid nocturne. Pendant ce temps, Gabriel observait sa femme, qui restait silencieuse, debout sous l'imposte poussiéreuse, éclairée par la lumière du gaz qui faisait ressortir les riches tons bronzés de ses cheveux. Elle adoptait la même attitude que quelques jours auparavant, semblant étrangère à la conversation autour d'elle. Finalement, elle se tourna vers eux, et Gabriel remarqua ses joues rouges et ses yeux brillants. Un sentiment de joie l'envahit.

- Monsieur d'Arcy, demanda-t-elle, quel était le nom de la chanson que vous chantiez ? »

- The Lass of Anghim, répondit M. d'Arcy, mais je m'en souviens mal. Pourquoi ? Vous la connaissez ?

- The Lass of Anghim, répéta-t-elle, le nom ne me revenait pas.

- C'est une très jolie chanson, intervint Mary Jane, je regrette que vous n'ayez pas été en voix ce soir.

- Allons, Mary Jane, intervint tante Kate, ne tourmentez pas M. d'Arcy, je ne veux pas qu'on le tourmente.

Voyant que tout le monde était prêt à partir, tante Kate les reconduisit jusqu'à la porte où ils s'échangèrent des souhaits de bonne nuit.

- Eh bien ! bonne nuit, tante Kate, et merci pour cette charmante soirée.
- Bonne nuit, Gabriel ! Bonne nuit, Gretta !
- Bonne nuit, tante Kate, et merci beaucoup. Bonne nuit, tante Julia.
- Oh ! Bonne nuit, Gretta, je ne vous avais pas vue.
- Bonne nuit, monsieur d'Arcy. Bonne nuit, Miss O'Callaghan.
- Bonne nuit, Miss Morkan.
- Bonne nuit de nouveau.
- Bonne nuit à tous. Bon retour.
- Bonne nuit. Bonne nuit.

À peine l'aube pointait. Une lumière terne, jaunâtre, flottait au-dessus des toits et de la rivière, le ciel semblait s'abaisser. Sous leurs pas, la neige fondue laissait quelques traces sur les toits, les parapets du quai et les balustrades. Les réverbères rougeoyaient encore dans l'air brumeux, et de l'autre côté de la rivière, le palais de justice se dressait menaçant contre le ciel chargé.

Elle marchait devant lui aux côtés de M. Bartell d'Arcy, ses chaussures emballées dans un papier brun serré sous son bras, et elle relevait sa jupe pour la protéger de la boue. Toute grâce semblait avoir déserté sa démarche, mais les yeux de Gabriel brillaient toujours de bonheur. Son sang bouillonnait dans ses veines, et des pensées fières, joyeuses, tendres et chevaleresques se bousculaient dans son esprit.

Elle avançait si légèrement, si droite, qu'il avait envie de la rejoindre en silence, de la saisir par les épaules et de lui murmurer à l'oreille quelque chose d'insensé et d'affectionné. Elle lui semblait si fragile qu'il aurait voulu la protéger de tout danger, puis se retrouver seul avec elle. Des souvenirs de leur intimité éclairaient soudain son esprit comme des étoiles : à côté de sa tasse de petit déjeuner, il y avait une enveloppe mauve qu'il caressait du bout des doigts ; des oiseaux gazouillaient parmi le lierre, et la lumière du soleil se reflétait sur le parquet ; il était si heureux qu'il ne pouvait pas manger. Ils se tenaient ensemble sur une plateforme bondée, et il glissait un billet dans le creux chaud de sa main gantée. Ils étaient dehors par un froid glacial, observant à travers une fenêtre grillagée un homme soufflant des bouteilles au-dessus d'une fournaise. Son visage, empreint de l'odeur de l'air frais, était près du sien, et soudain, il s'écria vers l'ouvrier :

- Le feu est chaud, Monsieur ?

Mais le bruit assourdissant de la forge empêchait l'ouvrier d'entendre, ce qui était probablement mieux ainsi. Il aurait pu répondre de manière grossière.

Une vague de joie encore plus douce jaillit de son cœur et se répandit comme un torrent chaud dans ses veines. Telles les étoiles bienveillantes, des moments de leur intimité, que personne d'autre ne connaissait ni ne connaîtrait jamais, s'illuminèrent dans sa mémoire. Il aurait aimé lui rappeler ces instants, faire en sorte qu'elle oublie les années de leur existence conjugale morne et ne se souvienne que de leurs moments d'extase. Car il sentait que les années n'avaient pas fané leur âme à tous les deux. Leurs enfants, leurs réalisations, les soucis domestiques n'avaient pas éteint complètement le feu tendre de leur amour. Dans une lettre qu'il lui avait écrite, il avait exprimé : "Pourquoi des mots comme ceux-ci me semblent-ils si vides, si froids ? Est-ce parce qu'il n'y a pas de mot assez doux pour être ton nom ?"

Ces mots, écrits des années auparavant, résonnaient en lui comme une musique lointaine venant du passé. Il désirait ardemment être seul avec elle. Quand les autres seraient partis, quand ils seraient seuls dans la chambre d'hôtel, alors ils pourraient enfin être seuls ensembles. Il l'appellerait doucement :

- Gretta!

Peut-être ne l'entendrait-elle pas tout de suite ; elle serait probablement en train de se dévêtir. Mais quelque chose dans sa voix la frapperait. Elle se retournerait et le regarderait...

Au coin de Wenetavern Street, une voiture croisa leur chemin. Gabriel fut soulagé que le bruit de la voiture lui épargne d'avoir à parler. Gretta regardait distraitement par la fenêtre, semblant fatiguée. Les autres passagers échangeaient à peine quelques mots, désignant vaguement des bâtiments ou des rues. Le cheval tirait laborieusement la vieille calèche bruyante sous le ciel matinal nuageux, ramenant Gabriel à ses souvenirs de voyages passés avec elle, filant à toute allure vers leur lune de miel.

Alors que la voiture franchissait le pont O'Connell, Miss O'Callaghan lança :

- On dit qu'on ne traverse jamais le pont O'Connell sans voir un cheval blanc.

- Je vois un homme blanc cette fois-ci, répliqua Gabriel.

- Où ça ? demanda M. d'Arcy.

Gabriel montra la statue recouverte de neige, puis la salua familièrement de la tête et de la main.

- Bonne nuit, Daniel, lança-t-il joyeusement.

Lorsque la voiture s'immobilisa devant l'hôtel, Gabriel descendit rapidement malgré les protestations de M. d'Arcy et paya le cocher, lui donnant un généreux pourboire. L'homme le salua :

- Je vous souhaite une année prospère.
- À vous aussi, répondit cordialement Gabriel

Gretta s'accrocha à son bras en sortant de la voiture et resta ainsi sur le trottoir, disant bonne nuit aux autres. Son poids sur son bras était aussi léger que lorsqu'ils avaient dansé ensemble quelques heures auparavant. Alors qu'il se sentait fier et heureux d'être avec elle, fier de sa grâce et de son épanouissement en tant qu'épouse, le réveil de tant de souvenirs raviva en lui une vague de sensualité aiguë au premier contact avec son corps harmonieux, étrange et parfumé. Profitant du silence qui régnait entre eux, il enserra son bras contre lui. Debout devant la porte de l'hôtel, il ressentit comme s'ils s'étaient évadés de leur quotidien, de leur foyer et de leurs responsabilités, s'embarquant, radieux et un peu fous, dans de nouvelles aventures.

Dans le hall, un vieil homme somnolait sur une grande chaise à baldaquin. Il alluma une bougie dans le bureau et monta l'escalier en premier. Ils le suivirent en silence, leurs pas résonnant discrètement sur le tapis épais. Derrière le portier, elle grimpait les marches de l'escalier, la tête inclinée par l'effort, les épaules frêles s'affaissant sous le poids, la jupe étroitement tenue autour d'elle. Il avait presque envie de l'entourer de ses bras, de la retenir, tant le désir de la toucher le secouait, mais seuls ses ongles enfoncés dans ses paumes contenaient le tumulte de son corps. Le portier s'arrêta sur l'escalier pour ajuster la bougie qui gouttait de la cire. Ils s'immobilisèrent également, à une marche de distance. Dans le silence, Gabriel percevait le son de la cire chaude s'égouttant sur le plateau et le battement de son propre cœur contre sa poitrine.

Le portier les guida le long d'un couloir et ouvrit une porte. Il posa sa bougie vacillante sur une table de toilette et leur demanda à quelle heure ils voulaient être réveillés le lendemain.

- À huit heures, répondit Gabriel.

Le portier indiqua l'interrupteur et bredouilla une excuse, mais Gabriel l'interrompit.

- Nous n'avons pas besoin de lumière supplémentaire, il y en a déjà suffisamment dans la rue. Et d'ailleurs, mon ami, fit-il en désignant la bougie, emportez ce bel objet avec vous.

Le portier récupéra la bougie, mais avec une certaine lenteur, surprise par cette demande inhabituelle. Puis il murmura un "Bonne nuit" et sortit. Gabriel verrouilla la porte.

Un faisceau de lumière livide s'étirait depuis le réverbère à travers les fenêtres jusqu'à la porte. Gabriel jeta son pardessus et son chapeau sur un canapé et s'approcha de la fenêtre pour calmer ses émotions. Puis il se retourna et s'appuya contre la commode, dos à la lumière. Elle avait enlevé son chapeau et son manteau et se tenait devant une grande glace, défaisant son corsage. Gabriel resta silencieux un moment, l'observant, puis il dit :

- Gretta !

Elle se détourna lentement de son miroir et avança vers lui dans le rayon de lumière. Son visage semblait sérieux et fatigué, et Gabriel se retint de parler. Ce n'était pas encore le moment.

- Vous semblez fatiguée, dit-il finalement.

- Un peu, répondit-elle. Je ne me sens pas malade ou faible, juste fatiguée.

Elle se dirigea vers la fenêtre et resta là à regarder dehors. Gabriel attendit un moment de plus, mais craignant d'être submergé par sa timidité, il dit soudainement :

- Oh, au fait, Gretta !

- Quoi ? demanda-t-elle.

- Vous savez, ce pauvre Freddy Malins, se dépêcha-t-il de dire.

- Eh bien, c'est un bon garçon après tout, continua Gabriel d'un ton qui sonnait faux. Il m'a rendu le louis que je lui avais prêté, et je ne m'y attendais vraiment pas. C'est dommage qu'il ne puisse pas éviter M. Browne, parce qu'au fond, ce n'est pas un mauvais gars.

Il tremblait maintenant d'excitation. Pourquoi semblait-elle si distante ? Il ne savait pas comment aborder le sujet. Était-elle ennuyée par quelque chose ? S'il pouvait juste la voir se tourner vers lui ou venir à lui de sa propre initiative ! La saisir ainsi serait brutal. Non, il devait d'abord voir un éclat dans ses yeux. Il brûlait d'apprivoiser l'état d'esprit étrange dans lequel elle se trouvait.

- Quand lui avez-vous prêté cet argent ? demanda-t-elle après un moment

Gabriel dut se retenir pour ne pas laisser échapper des jurons contre ce sot de Malins et son louis. Il désirait ardemment exprimer à Gretta son appel intérieur, de la serrer contre lui, de la dominer. Mais il répondit :

- Oh, à Noël, quand il a ouvert cette boutique de cartes postales
dans Henry Street.

Il était tellement absorbé par une fièvre de rage et de désir qu'il ne
l'entendit pas s'approcher de la fenêtre. Elle s'immobilisa devant lui un
instant, le fixant avec des yeux étranges. Puis soudain, se hissant sur la pointe
des pieds et posant légèrement les mains sur ses épaules, elle l'embrassa.

- Vous êtes très généreux, Gabriel, dit-elle.

Gabriel, tremblant, pris d'un ravissement par ce baiser inattendu et par la
surprise de sa question, posa doucement les mains sur sa tête et commença à
caresser ses cheveux, ses doigts effleurant à peine sa peau. Les cheveux, rendus
souples et brillants par le lavage, lui glissaient entre les doigts. Son cœur
débordait de joie. Au moment même où il l'avait espéré, elle était venue vers
lui. Peut-être que ses pensées suivaient la même voie que les siennes. Peut-être
comprenait-elle le désir impérieux qui le consumait, ce qui la rendait si
encline à l'abandon. Maintenant qu'elle se laissait aller si facilement, il se
demandait pourquoi il avait hésité autant.

Restant debout, il maintenait sa tête entre ses mains. Puis, rapidement,
il passa un bras autour de son corps et la rapprocha de lui, murmurant
doucement :

- Dis-moi ce qui te préoccupe, Gretta. Je crois deviner de quoi il
s'agit. Est-ce que je sais ?

Elle ne répondit pas immédiatement. Puis, les larmes coulant à flots, elle
articula :

- Oh ! Je pense à cette chanson, *The Lass of Anghim*.

Elle se libéra de son étreinte et se précipita vers le lit, enfouissant son
visage entre ses bras croisés sur les barreaux. Gabriel resta un instant pétrifié
par la surprise, puis il la rejoignit. En passant devant le miroir, il s'aperçut
dans son intégralité : le large plastron rebondi de sa chemise, son visage

dont l'expression l'intriguait toujours lorsqu'il le voyait dans la glace, et ses lorgnons brillants à la monture dorée. S'arrêtant à quelques pas, il demanda :

- Alors, pourquoi cette chanson vous fait-elle pleurer ?

Elle releva la tête et essuya ses yeux du revers de la main, comme un enfant. Une inflexion, plus douce qu'il ne l'aurait souhaité, teinta sa voix lorsqu'elle répondit :

- Pourquoi, Gretta ? demanda-t-il.

- Je pense à quelqu'un qui avait l'habitude de chanter cette chanson, il y a très longtemps ! expliqua-t-elle.

- Qui était-ce ? demanda-t-il en souriant.

- Quelqu'un que j'ai rencontré à Galway quand j'y vivais avec ma grand-mère, dit-elle.

Le sourire s'effaça du visage de Gabriel. Une colère sourde le submergea à nouveau. Et le flux monotone de son désir devint plus menaçant dans ses veines.

- Étiez-vous amoureuse de lui ? demanda-t-il avec ironie.

- C'était un jeune homme que je connaissais, répondit-elle, appelé Michel Furey. Il chantait cette chanson, *The Lass of Anghim*. Il était très fragile.

Gabriel resta silencieux. Il ne voulait pas laisser paraître le moindre intérêt pour ce jeune homme fragile.

- Je me rappelle si bien lui, dit-elle quelques instants plus tard ! Ses yeux ! De grands yeux sombres ! Et leur expression ! Une expression !

- Alors, vous êtes amoureuse de lui ? demanda Gabriel.

- Nous allions nous promener ensemble, dit-elle, quand j'étais à Galway.

Une idée lui vint.

- C'est peut-être pour ça que vous vouliez aller à Galway avec Miss Ivors, dit-il froidement.

Elle le regarda, surprise et lui demanda :

- Pourquoi donc ?

Sous le regard de Gabriel, il se sentit mal à l'aise. Il haussa les épaules et dit :

- Qui sait ? Peut-être pour le revoir ?

Elle détourna la tête et fixa en silence la bande de lumière qui filtrait jusqu'à la fenêtre.

- Il est décédé, dit-elle finalement. Il est mort à dix-sept ans. N'est-ce pas terrible de mourir si jeune ?

- Que faisait-il ? demanda Gabriel toujours sur un ton ironique.

- Il travaillait dans une usine à gaz, dit-elle.

Gabriel se sentit humilié par l'inefficacité de son ironie et par l'évocation de cette figure disparue. Un garçon travaillant dans une usine à gaz ! Alors même que Gabriel se nourrissait des souvenirs intimes qu'ils partageaient, empreints de tendresse, de joie et de désir, elle le comparait à un autre. Il fut saisi d'une conscience de lui-même teintée de honte. Il se vit comme un personnage ridicule, se pliant aux caprices de ses tantes, un sentimental nerveux, bien intentionné, adressant des discours à des personnes vulgaires et idéalisant ses propres impulsions de pitié. Un pauvre être pitoyable et stupide, qu'il avait aperçu en passant devant le miroir. Instinctivement, il tourna davantage le dos à la lumière, craignant qu'elle ne remarque la rougeur de honte qui lui brûlait le front.

Il tenta de maintenir un ton d'interrogation froide, mais sa voix, lorsqu'il parla, sonna humble et indifférente.

- Je suppose que vous étiez amoureuse de ce Michel Furey, Gretta ? dit-il.
- Nous étions proches à l'époque, répondit-elle.

Sa voix était voilée et empreinte de tristesse. Gabriel, réalisant maintenant l'inutilité de poursuivre son objectif initial, lui caressa la main et dit également d'un ton triste :

- Et de quoi est-il mort si jeune, Gretta ? Était-ce la tuberculose ?
- Je crois qu'il est mort pour moi, répondit-elle.

Une vague terreur s'empara de Gabriel à cette réponse, comme si, au moment même où il avait espéré réussir, une force invisible et vindicative se levait, rassemblant dans son monde tout aussi vague des forces contre lui. Mais avec un effort de raison, il chassa cette idée et continua de caresser la main de Gretta. Il cessa de l'interroger, sachant qu'elle parlerait d'elle-même. La main de Gretta, chaude et humide, ne répondait pas à sa pression, mais il continua néanmoins de la caresser, tout comme il avait caressé sa première lettre ce matin-là de printemps.

- C'était en hiver, dit-elle, au début de l'hiver où je devais quitter ma grand-mère pour revenir ici, au couvent. Il était malade alors, confiné dans une chambre meublée à Galway ; il lui était interdit de sortir, et sa famille à Oughterard en fut informée. On disait qu'il déclinait, ou quelque chose du genre. Je n'ai jamais su vraiment.

Elle marqua une pause et soupira.

- Pauvre garçon, dit-elle, il m'aimait beaucoup et c'était un garçon si doux. Nous sortions ensemble nous promener, vous savez,

Gabriel, comme on le fait à la campagne. Il envisageait d'étudier le chant si sa santé le lui permettait. Il avait une très belle voix, le pauvre Michel Furey.

- Eh bien, et alors ? demanda Gabriel.

- Et alors, quand le moment est venu pour moi de quitter Galway et de venir au couvent, il était bien plus malade et on ne m'a pas permis de le voir. Alors je lui ai écrit en lui disant que j'allais à Dublin et que je comptais revenir l'été suivant, espérant le trouver en meilleure santé.

Elle fit une pause pour reprendre sa voix, puis continua :

- Alors, la nuit avant mon départ, j'étais dans la maison de ma grand-mère sur l'île des Nonnes, en train de faire mes bagages, quand j'ai entendu des cailloux frapper les fenêtres. La pluie battait si fort que je ne pouvais rien voir. Je suis descendue en courant l'escalier, telle que j'étais, et j'ai traversé la porte de la maison pour aller dans le jardin. Là, au fond du jardin, se tenait le pauvre garçon, grelottant...

- Et vous ne lui avez pas dit de rentrer chez lui ?

- Je l'ai supplié de rentrer immédiatement, de peur qu'il ne tombe malade sous la pluie. Mais il a dit qu'il ne voulait pas vivre. Je me souviens si bien de ses yeux, si bien ! Il se tenait au bout du mur près d'un arbre.

- Et il est retourné chez lui ? demanda Gabriel.

- Oui, il est retourné chez lui. Et moins d'une semaine après mon arrivée au couvent, il est mort et a été enterré à Oughterard, d'où venait sa famille. Oh ! le jour où j'ai appris sa mort !

Elle s'arrêta, étouffant sous les pleurs, et, submergée par l'émotion, elle se jeta sur son lit en sanglotant, le visage enfoui dans la courtine. Gabriel tint sa main un moment de plus, indécis, puis, craignant d'empiéter sur son chagrin, la laissa retomber doucement et se dirigea sans bruit vers la fenêtre.

Elle s'était profondément endormie.

Gabriel, appuyé sur son coude, la regarda un moment, sans ressentir de rancune, ses cheveux en désordre, sa bouche légèrement ouverte, écoutant sa respiration profonde. Ainsi, elle avait eu cette tragédie dans sa vie : un homme était mort à cause d'elle. Il ressentit à peine de la douleur en pensant au rôle insignifiant qu'il avait joué, lui, son mari, dans la vie de cette femme. Il la contempla pendant qu'elle dormait, comme s'ils n'avaient jamais été mariés. Ses yeux s'attardèrent longuement et avec curiosité sur son visage, ses cheveux, imaginant ce à quoi elle avait dû ressembler à l'époque de sa jeunesse, une comparaison étrange, empreinte de sympathie, envahit son esprit. Il n'aimait pas reconnaître, même en son for intérieur, que son visage avait perdu de sa beauté, mais il savait que ce n'était plus le visage pour lequel Michel Furey avait accepté de mourir.

Peut-être ne lui avait-elle pas tout raconté. Ses yeux dérivèrent vers la chaise où elle avait jeté quelques-uns de ses vêtements. Le cordon d'un jupon traînait par terre. Une des bottines se tenait droite, l'autre était tombée de côté. Il fut surpris par l'intensité des émotions qu'il avait ressenties une heure auparavant. Qu'est-ce qui les avait provoquées ? Le dîner chez ses tantes, son discours ridicule, le vin, la danse, la joyeuse réunion au moment de se souhaiter bonne nuit dans le hall, le plaisir d'une promenade le long de la rivière dans la neige ? Pauvre tante Julia ! Bientôt, elle ne serait plus qu'une ombre parmi d'autres, aux côtés de l'ombre de Patrick Morkan et de son cheval. Il avait remarqué la même expression hagarde sur son visage un instant, pendant qu'elle chantait "Parée pour les noces". Bientôt, peut-être, il serait assis dans ce même salon, vêtu de noir, son haut-de-forme sur les genoux. Les stores seraient baissés, et tante Kate serait à ses côtés alors qu'il pleurerait et se moucherait, racontant comment Julia était morte. Il fouillerait dans son esprit pour trouver quelques mots de réconfort, mais ne trouverait que des paroles banales ou inutiles. Oui, oui, cela arriverait bientôt.

L'atmosphère glaciale de la chambre lui engourdissait les épaules. Avec précaution, il se glissa sous les draps et se coucha aux côtés de sa femme. Un à un, tous devenaient des silhouettes. Il valait mieux partir avec audace vers l'autre monde au sommet d'une passion que de s'effacer et de se flétrir tristement avec le temps. Il songea à la manière dont sa femme, allongée à ses côtés, avait gravé dans son cœur pendant tant d'années l'image des yeux de son ami, lorsque celui-ci lui avait dit qu'il ne voulait plus vivre.

Des larmes de compassion lui montèrent aux yeux. Il n'avait jamais éprouvé un tel sentiment envers aucune autre femme, mais il savait que cela ne pouvait être que de l'amour. Des larmes coulèrent de ses yeux, et dans la pénombre, il crut voir la silhouette d'un jeune homme debout sous un arbre, trempé par la pluie. D'autres formes semblaient l'entourer. L'âme de Gabriel flottait aux confins où résidaient les innombrables morts. Il avait conscience, sans vraiment les comprendre, de leur existence insaisissable, vacillante. Sa propre identité se dissipait dans un monde gris, intangible : le monde solide que ces morts avaient autrefois érigé, où ils avaient vécu, se dissolvait, se réduisait à néant.

Quelques légers coups frappés contre la vitre le firent se tourner vers la fenêtre. Il avait commencé à neiger. Dans un demi-sommeil, il observa les flocons argentés ou sombres tomber obliquement contre les réverbères. L'heure était venue de partir pour l'Ouest. Oui, les journaux avaient raison, la neige tombait abondamment sur toute l'Irlande. Elle recouvrait la plaine centrale et sombre, les collines dénudées, elle tombait doucement sur la tourbière d'Allen et plus loin, à l'ouest, elle tombait doucement sur les vagues tumultueuses et sombres du Shannon. Elle tombait également sur chaque recoin du cimetière isolé, sur la colline où reposait Michel Furey. Elle s'accumulait sur les croix tordues et les pierres tombales, sur les pointes de la petite grille, sur les buissons dénudés. Son âme s'évanouissait peu à peu alors qu'il entendait la neige se répandre doucement sur tout l'univers, comme si l'heure finale était venue pour tous les vivants et les morts.

BIOGRAPHIE

James Joyce : Une biographie détaillée

James Augustine Aloysius Joyce, né le 2 février 1882 à Rathgar, dans la banlieue de Dublin en Irlande, est considéré comme l'un des écrivains les plus influents du XXe siècle. Ses œuvres sont célébrées pour leurs techniques narratives révolutionnaires et leur profondeur psychologique. La vie de Joyce, marquée par une quête incessante de perfection artistique et de nombreuses luttes personnelles, est un voyage fascinant à travers le paysage littéraire et culturel de son époque.

Jeunesse et éducation

Joyce était l'aîné de dix enfants survivants dans une famille confrontée à une instabilité financière considérable. Son père, John Stanislaus Joyce, était un homme charmant et spirituel, mais également sujet à l'irresponsabilité financière, ce qui entraîna de fréquents déménagements et des difficultés économiques pour la famille. Malgré ces défis, Joyce montra des capacités intellectuelles exceptionnelles dès son plus jeune âge. Il fréquenta le Clongowes Wood College, un internat jésuite, mais dut quitter l'établissement en raison de la situation financière de sa famille. Il poursuivit ses études au Belvedere College, une autre institution jésuite, où il se distingua par ses résultats académiques et développa son amour pour la littérature.

En 1898, Joyce s'inscrivit à l'University College Dublin, où il étudia les langues modernes, notamment l'anglais, le français et l'italien. Ses années universitaires furent déterminantes ; il se plongea dans les œuvres d'Aristote, de Thomas d'Aquin et de Dante, et commença à façonner sa propre voix littéraire. Joyce s'impliqua également dans la vie intellectuelle et culturelle de Dublin, participant à divers cercles littéraires et politiques.

Premières œuvres et exil

La première publication significative de Joyce fut un essai intitulé "The Day of the Rabblement" en 1901, qui critiquait les tendances conservatrices du théâtre littéraire irlandais. En 1904, il commença à écrire ce qui deviendrait son premier grand ouvrage, "A Portrait of the Artist as a Young Man". Durant cette période, Joyce rencontra Nora Barnacle, une femme de chambre originaire de Galway, qui devint sa partenaire et sa muse pour la vie. Le couple quitta l'Irlande en octobre 1904, entamant un exil auto-imposé qui dura toute la vie de Joyce.

Joyce et Nora s'installèrent d'abord à Zurich, puis à Trieste, où Joyce enseigna l'anglais à l'école Berlitz. À Trieste, il fit la connaissance d'Italo Svevo, un écrivain italien dont l'amitié et le soutien furent précieux. Malgré les difficultés financières et les déménagements fréquents, Joyce continua d'écrire. Il acheva "Dubliners", une collection de nouvelles décrivant la vie des habitants de Dublin avec un réalisme et une profondeur psychologique sans précédent. "Dubliners" fut publié en 1914 après des années de lutte contre la censure et la réticence des éditeurs.

Œuvres majeures et innovation littéraire

Le projet suivant de Joyce, "A Portrait of the Artist as a Young Man", est un roman semi-autobiographique qui retrace le développement intellectuel et spirituel de Stephen Dedalus, l'alter ego de Joyce. Le roman, publié en 1916, fut un succès critique et établit Joyce comme un écrivain moderniste de premier plan.

En 1915, Joyce se rendit à Zurich pour échapper aux troubles de la Première Guerre mondiale. C'est à Zurich qu'il commença à travailler sur "Ulysses", son chef-d'œuvre. "Ulysses" suit Leopold Bloom à travers une journée ordinaire à Dublin, le 16 juin 1904, en utilisant des techniques narratives innovantes telles que le flux de conscience et un symbolisme complexe. Malgré les interdictions initiales pour obscénité, "Ulysses" fut publié en 1922 par Sylvia Beach, propriétaire de la librairie parisienne Shakespeare and Company.

Le dernier grand ouvrage de Joyce, "Finnegans Wake", repoussa encore plus les limites du langage et de la narration. Écrit sur une période de dix-sept ans et publié en 1939, le roman utilise un récit onirique et multilingue qui défie la lecture conventionnelle. Bien qu'il ait reçu un accueil critique mitigé, "Finnegans Wake" consolida la réputation de Joyce en tant qu'innovateur littéraire.

Luttes personnelles et dernières années

La vie personnelle de Joyce fut marquée par de nombreux défis. Sa fille Lucia fut diagnostiquée schizophrène, ce qui causa à Joyce une grande détresse et influença ses œuvres ultérieures. Joyce lui-même souffrait de graves problèmes oculaires, subissant de nombreuses opérations qui le laissèrent souvent incapable de travailler. Malgré ces épreuves, Joyce resta dévoué à son écriture.

Le paysage politique de l'Europe au début du XXe siècle affecta également la vie de Joyce. Après le déclenchement de la Seconde Guerre mondiale, Joyce et sa famille durent fuir Paris, retournant finalement à Zurich. Pendant ces bouleversements, Joyce continua de réviser et de perfectionner son œuvre, montrant un engagement inébranlable envers son art.

Joyce fut aussi un mentor et un ami pour de nombreux écrivains et artistes contemporains, notamment Samuel Beckett et Ezra Pound. Ses œuvres inspirèrent de nombreux chercheurs littéraires et déclenchèrent des débats critiques approfondis, établissant Joyce comme une figure centrale du mouvement littéraire moderniste.

Mort et héritage

James Joyce mourut le 13 janvier 1941 des suites de complications après une opération pour un ulcère perforé. Il fut enterré au cimetière de Fluntern à Zurich. La mort de Joyce marqua la fin d'une carrière littéraire prolifique et révolutionnaire, mais son influence perdure.

Aujourd'hui, Joyce est célébré comme l'un des plus grands écrivains du XXe siècle. "Bloomsday", célébré chaque année le 16 juin, commémore les événements d'"Ulysses" et attire des amateurs de littérature du monde entier. Les techniques innovantes de Joyce, telles que le flux de conscience, le monologue intérieur et l'utilisation du mythe pour encadrer l'expérience moderne, ont eu un impact profond sur le développement de la littérature contemporaine.

L'exploration par Joyce des complexités de l'identité, de la mémoire et de la condition humaine continue de résonner auprès des lecteurs et des chercheurs. Ses œuvres restent des sujets d'étude et d'interprétation approfondies, assurant que l'héritage de James Joyce en tant que pionnier et visionnaire littéraire perdure.

[1] Aujourd'hui appelée Parnel Street, Great Britain Street est une rue de la ville de Dublin située en Irlande.

[2] Verbe se signer qui signifie faire le signe de croix.

[3] Kathleen est un prénom irlandais.